# 창업! 이해하고 따라하기

| 최형순 | 지음

창업! 이해하고 따라하기

**초판 인쇄일** 2026년 4월 30일
**초판 발행일** 2026년 4월 30일

**지은이** 최형순
**펴낸이** 장문정
**펴낸곳** 도서출판 그림책
**디자인** 이정순 / 정해경
**출판등록** 제2010-000001
**주소** 경기도 수원시 영통구 이의동 웰빙타운로 70
**연락처** TEL070-4105-8439(010)2676-9912
E-mail : khbang21@naver.com

# 창업! 이해하고 따라하기

| 최형순 | 지음

책을 펴내며

창업을 이야기할 때 우리는 종종 거대한 성공 신화부터 떠올린다. 유니콘, 엑싯, 세계 갑부 순위 같은 화려한 단어들이 먼저 눈에 들어온다. 하지만 실제로 창업은 그런 헤드라인과는 전혀 다른 자리에서 조용히 시작된다. 퇴직을 앞둔 가장의 불안한 밤, 회사 생활이 도저히 견디기 힘들어졌을 때의 깊은 한숨, "이렇게 살다가 20년 뒤 나는 어떤 모습일까?"라는 아주 개인적인 질문에서 출발하는 경우가 훨씬 더 많다.

이 책은 그 지점에서부터 이야기를 시작하려 한다.
"창업이란 무엇인가?"라는 질문은 거창한 이론보다도, 왜 지금 이 시기에, 나라는 사람이, 어떤 선택을 하려 하는지에 대한 질문이다. 창업을 해야 하는가 말아야 하는가, 무엇을 할 것인가, 어떻게 해야 하는가에 대한 답은 결국 숫자보다 사람, 논리보다 태도에서 나온다. 그래서 이 책은 단순히 "창업하는 방법"을 알려주는 매뉴얼이 아니라, 창업을 둘러싼 생태계 전체를 다른 각도에서 바라보도록 돕는 일종의 지도에 가깝다.

창업을 둘러싼 환경은 생각보다 복잡하다. 창업자와 투자자, 고객과 직원, 정책과 제도, 언론과 여론이 서로 얽혀 하나의 생태계를 이룬다. 많은 나라와 도시가 이 생태계를 벤치마킹하며 '복붙'하듯 제도를 가져오지만, 결과는 늘 비슷하지 않다. 왜 어떤 곳에서는 창업 붐이 곧 폐업의 쓰나미로 이어지고, 어떤 곳에서는 실패가 다음 도전을 위한 자산이 될까? 우리는 "누구의 눈으로 이 생태계를 볼 것인가?"라는 질문을 통해, 숫자와 통계 뒤에 숨은 힘의 방향과 태도의 차이를 살펴볼 것이다.

부의 판도 역시 빠르게 바뀌고 있다. 2015년과 2025년, 불과 10년 사이에 세계 갑부 TOP10의 얼굴은 크게 달라졌다. 전통 제조업과 금융이 차지하던 자리 상당 부분을 기술과 플랫폼, 그리고 완전히 새로운 산업이 대신하고 있다. 빌 게이츠와 스티브 잡스를 비교하는 것은 두 사람의 성공 스토리를 소비하기 위해서가 아니라, "다음 세대의 부는 어디에서, 어떤 방식으로 만들어질 것인가?"를 생각하기 위함이다. 이 변화의 흐름을 읽지 못한 채 창업을 논하는 것은, 지도를 보지 않고 항로를 정하는 것과 같다.

그러나 아무리 거대한 흐름을 이해했다고 해도, 결국 창업은 '나'의 문제다.
어떤 준비를 해야 하고, 무엇을 감수할 수 있으며, 20년 뒤의 나는 어떤 얼굴로 살아가고 싶은가. 이 책의 중반부는 사업계획서, 프레젠테이션, EXIT, 금융 구조 등 실전적인 요소들을 다루지만, 그 밑바닥에는 한 가지 일관된 메시지가 흐른다. 겉으로 보이는 회계장부, 투자 유치, 언론 보도보다 먼저 챙겨야 할 것들이 분명히 존재한다는 것, 그리고 화려한 스타트업 신화 뒤에는 언제나 보이지 않는 패턴과 뼈대가 있다는 것이다.

창업은 직업의 선택이면서 동시에 삶의 태도에 대한 선택이다. 이 책의 마지막 장에서 우리는 네 개의 연료통, 즉 돈·시간·에너지·관계를 다루며, 무엇이 비었을 때 사업이 무너지는지를 차분히 짚어볼 것이다. 그리고 결국 창업은 "아이템의 문제가 아니라 태도의 문제"라는 다소 불편한 결론에 도달할지도 모른다. 당신이 지금 이 책을 펼친 이유가 두려움 때문이든, 설렘 때문이든, 혹은 마지막 선택지를 확인하기 위함이든 상관없다.
이 책이 당신에게 "해야 할 말"을 강요하기보다, 스스로 "어떤 태도로 창업을 할 것인가"를 묻고 답할 수 있게 해 주는 동료가 되기를 바란다.

# 차례

# FROM IDEA
# TO THRIVING

Item
20%

Item 4
20%

Item 2
20%

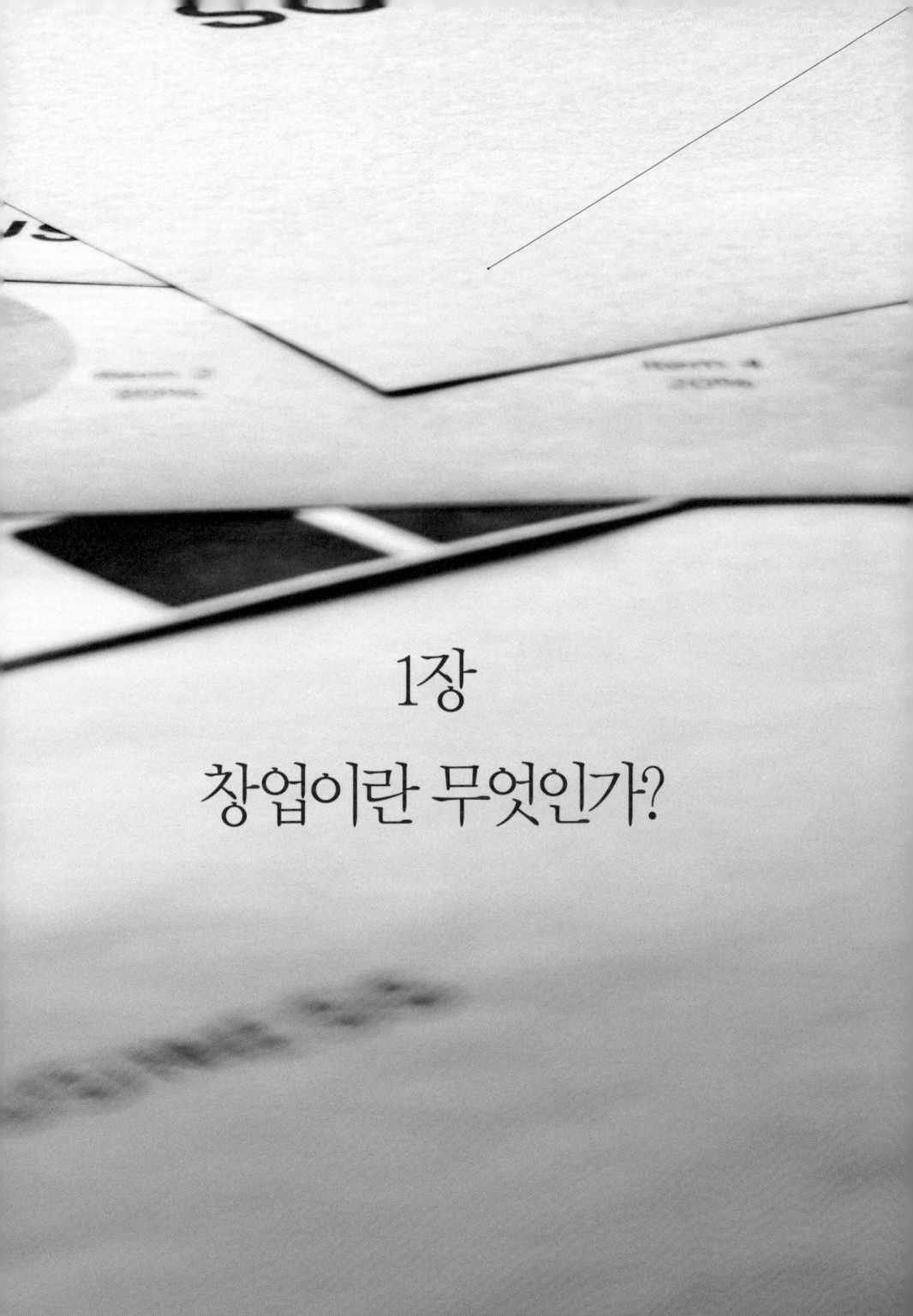

# 1장
# 창업이란 무엇인가?

# 1. 창업이란 무엇인가?

창업이란 개인이나 집단이 새로운 사업 기회를 포착하여 사업 목표를 설정하고, 이에 필요한 자본, 인력, 설비를 확보하여 사업을 시작하는 행위이다. 한자로는 '창조할 創'과 '사업 業'으로 표기되며, 영어로는 벤처(Venture) 또는 스타트업(Startup)이라고 부른다.

창업의 개념을 이해하기 위해서는 개업(開業)과의 차이를 명확히 해야 한다. 개업은 기존에 있는 사업 방식을 그대로 따라 시작하는 것이라면, 창업은 새로운 가치를 창출하는 것이다. 예를 들어, 기존의 수많은 햄버거 가게들이 있었지만 맥도날드는 새로운 형태의 패스트푸드 서비스 시스템을 창출했다. 이것이 바로 창업 활동이다. 기존에 없던 새로운 형태의 제품이나 서비스를 제공하거나, 기존의 가치를 변화시켜 새로운 가치를 생성하는 것이 창업의 핵심이다.

한국의 법률에서 창업은 다양한 방식으로 정의되고 있다. 『중소기업기본법』에 따르면, 창업이란 "중소기업을 새로 설립하여 사업을 개시하는 것"을 의미한다. 더 구체적으로, 창업자가 사업 아이템을 가지고 자금을 투자하여 제품이나 서비스를 생산·판매하기 위해 조직을 설립하는 행위를 말한다.

중요한 점은 창업에 해당하지 않는 경우들이다. 다음의 경우들은 법률적으로 창업으로 인정되지 않는다.

- 사업의 승계 : 타인으로부터 사업을 상속받거나 증여받아 기존 사업과 같은 종류의 사업을 계속하는 경우
- 조직 변경 : 합병, 분할, 현물출자 등을 통해 종전의 사업을 승계하는 경우
- 동일 업종 재개 : 기존 사업을 폐업한 후 3년 이내(부도·파산의 경우 2년 이내)에 같은 종류의 사업을 개시하는 경우

다만 예외 조항도 있다. 의도하지 않은 폐업 후 3년(부도·파산의 경우 2년) 이상이 지난 후에 기존 사업과 같은 종류의 사업을 개시하는 경우는 창업으로 인정된. 이는 경제적 어려움으로 인한 폐업 이후의 재기를 예외적으로 지원하려는 정책적 의도를 반영한다.

창업은 단순히 새로운 사업을 시작하는 것 이상의 의미를 가지며 핵심 특징은 다음과 같다.

- 혁신성 : 창업은 기존의 경제질서를 창조적으로 파괴하고 새로운 경제질서를 만드는 과정이다. 이러한 이유로 창업가들을 '혁신가'라고 부르기도 한다. 과학기술 기반의 창업이 장려되는 이유도 신기술이 새로운 가치를 창출하기에 용이하기 때문이다.

- 도전정신 : 벤처(Venture)라는 단어가 '모험, 도전'을 의미하는 것처럼, 창업은 불확실성에 맞설 수 있는 도전 정신을 필요로 한다. 창업자들은 기존에 남이 하지 않은 새로운 사업에 도전적으로 뛰어드는 사람들이다.

– 위험 감수 : 창업가는 사업을 시작하고 운영하는 과정에서 재정적 또는 개인적인 위험을 감수해야 한다. 이는 창업의 불가피한 특성이다.

– 가치 창출 : 창업은 혁신, 기술 및 비전을 결합하여 시장 수요에 맞게 타겟 고객을 위한 가치를 창출하는 것이다. 단순히 돈을 버는 것이 아니라, 시장에 새로운 가치를 제공하는 것이 창업의 본질이다.

창업가가 된다는 것은 단순히 사업을 시작하거나 자영업을 선택하여 재정적 독립을 하는 것만을 의미하지 않고,. 진정한 창업가는 다음과 같은 특성을 갖추어야 한다.

– 열정과 투지 : 아이디어를 실현하려는 강렬한 욕구
– 문제 해결 능력 : 시장의 문제를 정의하고 그 본질을 파악하여 혁신적인 솔루션을 제시하는 능력
– 회복력 : 창업 과정에서 직면하는 다양한 어려움을 극복하는 능력
– 소명의식 : 단순한 경제적 이익 추구를 넘어 사회에 기여하려는 의식

결론적으로 창업이란 단순히 새로운 사업을 시작하는 행위를 넘어, 새로운 가치를 창출하고 기존의 경세질서를 혁신하는 창조적 활동이다. 법률적으로는 중소기업을 새로 설립하여 사업을 개시하는 것으로 정의되지만, 본질적으로는 도전정신, 혁신성, 문제 해결 능력, 그리고 소명의식을 갖춘 창업가들이 시장의 기회를 포착하여 새로운 제품이나 서비스를 통해 사회에 가치를 제공하는 과정이다. 이러한 창업 활동은 경제 발전과 사회 혁신의 원동력이 되며, 이러한 이유로 많은 국가들이 창업을 장려하고 지원하고 있다.

# 1.1 왜 창업을 해야하나?

창업은 단순한 '사업 시작'이 아니라, 자신의 삶과 미래를 주도적으로 설계하는 강력한 선택이다. 오늘날 한국에서 창업기업은 2022년 기준 482만 9,665개로, 전체 중소기업의 60.1%를 차지하며 전년 대비 6.2% 증가했다. 이는 창업이 경제의 핵심 동력으로 자리 잡고 있음을 보여주며, 개인에게는 무한한 기회와 성취감을 제공한다. 왜 창업을 해야 할까?

첫째, 창업은 경제적 독립과 무한한 부의 가능성을 열어준다.
대기업이나 공무원 같은 안정된 직장에서 월급을 받는 삶은 편안하지만, 한계가 명확하다. 연봉 상한선이 있고, 회사 정책에 종속되는 반면 창업은 자신의 노력에 비례해 무한정 성장할 수 있다. 2022년 창업기업의 전체 매출액은 1,186.1조 원으로 전년 대비 증가했으며, 평균 매출은 2.5억 원에 달한다. 특히 기술기반 창업기업은 전체 창업의 20%에 불과하지만, 종사자 비중 30.3%, 매출 비중 27.9%로 비기술 업종보다 훨씬 높은 성과를 내고 있다.

한국 경제는 1997년 IMF 위기 이후 대기업 중심에서 중소·벤처 창업으로 전환됐다. 정부의 창업 지원 정책(중기부 창업진흥원 등)이 뒷받침되면서 2020년 429만 개 → 2022년 482만 개로 3년 연속 증가세이다. 2024년에도 연간 창업기업 118만 개로 개인서비스업(8.0%↑), 전문·과학·기술업(2.5%↑)이 주도했다. 이 데이터는 창업이 '위험'이 아닌 '안정적 성장 기회'임을 입증한다.

사례 1 : 마켓컬리. 2015년 창업한 마켓컬리는 '새벽 배송'으로 바쁜 현대인의 니즈를 잡았다. 2021년 기업가치 5조 원 돌파, 2025년 현재도 로켓배송 경쟁 속 안정적 성장을 이어가고 있다. 창업자 김슬아 대표는 "고객 문제를 해결하면 돈은 따라온다"고 말했다. 초기 자본 없이 시작해 10년 만에 유니콘 기업이 된 배경은 시장 공백 포착이다.

사례 2 : MZ세대 1인 창업. 2025년 트렌드인 AI 기반 마이크로 SaaS(소프트웨어 as a 서비스)가 대표적이다. 개발자 아닌 일반인이 AI 툴로 코딩해 월 1,000만 원 수익 내는 사례가 쏟아진다. MZ세대 72%가 창업 의향을 보이지만, 5년 생존율 33.8%로 낮아 보이지만, 재창업자 생존율은 73.3%로 높다. 이는 '한 번 실패해도 재도전하면 성공'이라는 교훈이 된다.

이처럼 창업은 월급쟁이의 '상한선'을 깨고, 노력만큼 보상받는 시스템이다. 2022년 창업기업 종사자 851만 명(중소기업 44.9%)은 이 기회를 누리고 있다.

둘째, 창업은 자기 주도적 성장과 자유로운 삶을 실현한다.
직장 생활은 상사의 지시, 야근, 승진 경쟁으로 스트레스입니다. 창업은 자신의 비전을 실현하며 리더십, 문제 해결력을 키운다. 조사에 따르면 창업자의 83.3%가 직장 경험을 살려 창업한다. 재창업 비율도 29.6%로, 실패를 발판으로 삼는다.
한국의 창업률(신생기업/총 활동기업)은 통계청 지표로 매년 추적되며, 최근 3년 종사자 수 717만 → 851만 명 증가(16.3%↑)는 창업이 일자리 창출의 원천임을 보여준다. 기술기반 업종(정보통신 18.8%↑, 보건 22.5%↑)이 주도하며, 평균 종사자 2.7명으로 효율적이다.

사례 3 : 쿠팡 김범석. 2010년 미국에서 창업한 쿠팡은 2021년 NYSE 상장, 시총 100조 원. 김범석은 "불만족을 사업으로 바꿨다"고 한다. 로켓배송은 직장 경험(빌 게이츠 멘토링)에서 나왔고 아마존을 벤치마킹하면서 성장했다.

사례 4 : 해외 K-스타트업. K스타트업센터 핀란드 지원 기업 10개가 수출 6,060백만 원, 매출 3,820백만 원 달성. 이는 창업이 국경을 넘어 자유를 준다는 증거이고, 국내에서도 2025년 AI·그린 에너지 트렌드가 1인 창업 붐을 일으키고 있다.

셋째, 창업은 사회 변화와 혁신의 주역이 된다.

창업은 개인 부富가 아닌, 경제 활성화와 일자리 창출로 사회에 기여한다. 2022년 창업기업이 중소기업 종사자 44.9%를 흡수하며, 기술기반이 매출 27.9% 기여. 중기부는 "창업 활성화가 생태계 발전 원동력"이라고 평가한다. 한국 창업 생태계는 글로벌 지수(K-Index)에서 상위권으로, 정부 지원(성과 창출 통계)이 뒷받침 한다

사례 5 : 배달의민족 김봉진. 2010년 창업, 2020년 4.75조 원 매각. 배달 앱 시장 창조로 10만 명 일자리 만들다. "문제를 풀면 세상이 바뀐다"는 철학이 코로나 시대 필수 서비스로 진화했다.

사례 6 : 토스 이승건. 2015년 핀테크 창업, 2025년 가치 50조 원. 직장인 송금 불편 해결로 디지털 금융 혁명. 재창업자(29.6%) 성공 모델로 인정받는다.

## 1.2 무엇을 해야하나?

창업은 단순한 아이디어가 아니라, 체계적인 단계별 실행으로 성공으로 이끄는 여정이다. 마치 마라톤 선수가 훈련 계획을 세우고 한 걸음씩 나아가듯, 창업자도 아이디어 선정부터 사업 개시까지 5~7단계를 밟아야 한다. 이 과정에서 시장 조사, 사업계획 수립, 자금 조달, 법적 등록이 핵심이다.

업종·아이템 선정과 시장 타당성 조사 – "내가 팔 상품은 무엇인가?"
창업의 걸음은 '무엇을 팔까?'이다. 무작정 열정만으로는 안 된다. 자신의 강점(스킬, 경험, 관심사)과 시장 수요를 맞춰야 한다. 예를 들어, 커피숍을 하려면 "왜 지금 커피?"라고 물어보고, 세요. 프리미엄 원두 구독 서비스처럼 차별화된 아이디어를 답으로 만들수있으면 성공의 키를 찾은 것이다.

스타벅스의 창업자 하-슐츠는 이탈리아 바 문화에서 영감을 얻어 "제3의 공간" 콘셉트를 만들었고, 단순 커피가 아닌 커뮤니티 경험을 팔아 글로벌 제국이 됐다. 한국에서는 배달의 민족 김봉진 대표가 "배고플 때 집에서 먹을 수 있게"라는 단순 아이디어로 시장을 공략했다. 배달 앱이 없던 2010년, 타깃 고객(20~30대 직장인)의 통화 대기 시간을 해결하는 것을 키로 잡았다.

그러면 그렇게 하기위해서는 어떻게 해야할까?
– 자기 분석 : SWOT(강점·약점·기회·위협) 작성. "나는 요리 잘해? IT 개발 가

능?".

– 시장 조사 : 경쟁사 분석(예 : 비슷한 앱 5개 비교), 고객 인터뷰(100명 설문). 툴 Google Trends나 SurveyMonkey 사용.

– 타당성 테스트 : MVP(최소 실행 제품)로 소규모 판매. 예를 들어, 핸드메이드 비누라면 인스타에 10개 올려 반응 모니터링.

– 근거 : 한국 벤처창업가이드에 따르면, 이 단계에서 타당성 조사 미실시로 70% 창업이 실패한다고 한다.

이 단계 1~2개월 투자로 실패 확률 50% 줄임. 배경 : 창업 1년 내 폐업률 30%인데, 아이템 미선정 탓이 크다.

## 1.3 어떻게 해야할까?

창업은 단순한 열정이나 직관만으로는 성공하기 어렵다. 성공적인 창업을 이루기 위해서는 아이디어 개발부터 사업 운영까지 각 단계에서 체계적인 계획과 준비가 필수적이다.

1단계 : 비즈니스 아이디어 개발과 시장 검증

창업의 출발점은 언제나 '아이디어'에서 시작된다. 하지만 현실에서 살아남는 사업은 멋진 아이디어를 말로 잘 풀어낸 팀이 아니라, 시장이 진짜로 필요로 하는 것을 집요하게 검증한 팀인 경우가 많다. 머릿속에서 반짝이는 생각은 시작에 불과하다. 중요한 것은 "이 아이디어가 내게 흥미로운가?"가 아니라 "이 아이디어가 시장에서 실제로 쓰일 것인가?"라는 질문에 얼마나 솔직하게 답했는지다. 창업 아이디어는 취미가 아니라, 누군가의 문제를 해결하는 도구여야 한다.

그래서 아이디어를 구상할 때는 먼저 자기 자신부터 들여다볼 필요가 있다. 자신의 관심사, 기술, 경험은 오랫동안 버틸 수 있는 동력이다. 좋아하지도, 이해하지도 못하는 분야에서 잠깐 반짝이는 트렌드만 보고 뛰어들면, 예상밖의 난관이 닥쳤을 때 버틸 힘이 부족해진다. 예를 들어, IT 개발 경험이 있고 모바일 서비스 사용에 익숙한 사람이 앱 창업을 고민한다면, 기술적 난관을 넘는 데 유리할 수 있다. 하지만 거기서 멈추면 안 된다. "내가 만들고 싶은 앱"이 아니라 "사용자가 진짜로 필요로 하는 앱"을 찾기 위해, 자기 관심사와 시장의 필요 사이에 교집합이 어디 있는지를 치열하게 탐색해야 한다.

많은 예비 창업자가 "아이디어만 좋으면 언젠가 알아줄 것"이라고 생각하지만, 시장은 그렇게 친절하지 않다. 새로운 모바일 앱을 예로 들어 보자. 기능이 참신하고 UI가 세련되다고 해서, 사용자들이 자동으로 내려받아 쓰는 것은 아니다. 사람들은 이미 비슷한 앱들을 쓰고 있고, 새 앱을 설치해 쓰는 것 자체가 하나의 '노력'이다. 이 장벽을 넘어설 만큼의 필요와 매력이 있는지, 그 필요를 기존 서비스들이 충분히 충족하고 있지 않은지부터 따져봐야 한다. "좋은 기능"이라는 추상적인 표현보다, "누가, 언제, 어떤 상황에서 이 기능이 없으면 불편한지"를 구체적으로 그려 봐야 한다. 기존 경쟁 앱과 비교했을 때, 이 앱을 선택해야 하는 명확한 이유가 없다면, 사용자는 굳이 움직이려고 하지 않는다.

이 지점을 확인하는 가장 현실적인 방법이 바로 시장 조사다. 시장 조사는 거창한 보고서를 쓰기 위한 작업이 아니라, "내 생각이 아닌, 실제 세상의 데이터를 보는 과정"이다. 온라인 트렌드 분석 도구를 활용하면 사람들이 어떤 키워드를 얼마만큼 검색하는지, 관심이 늘고 있는지 줄고 있는지를 대략적으로 파악할 수 있다. 예를 들어, 특정 운동 방식이나 식단, 공부법, 취미가 최근 몇 년 사이 검색량이 꾸준히 오르고 있다면, 그 주변에서 파생 아이디어를 찾을 수 있다. 반대로, 관심이 빠르게 식고 있는 영역이라면 아무리 좋은 아이디어라도 성장 여력이 제한될 수 있다.

소셜 미디어는 사람들의 '진짜 반응'을 엿볼 수 있는 창이다. 특정 문제나 키워드를 중심으로 어떤 이야기들이 오가는지, 사람들이 무엇을 불편해하고, 무엇에 열광하는지, 어떤 서비스나 제품에 어떤 리뷰를 남기는지를 관찰하는 것만으로도 인사이트가 쌓인다. 해시태그나 키워드 검색을 통해 유사 서비스에 대한 호불호를 살펴보면, 사용자가 무엇을 바라는지, 어떤 지점에서 실망하는지 감을 잡을 수 있다. 관련 온라인 커뮤니티 역시 중요한 정보의 원천이다. 그곳에서 오가는 질문과 답변, 토로와 건의는 곧 "시장에 존재하는 문제 목록"이라고 볼 수 있다. 여기서 발견한 반복적인 문제의 패턴이 바로 사업 아이디어의 씨앗이다.

경쟁사 분석은 불안해지기 위해서가 아니라, 냉정해지기 위해 필요하다. 이미 존재하는 기업과 서비스를 꼼꼼히 훑어보면, 두 가지가 보인다. 하나는 "이 정도로 잘하는 팀이 있는데, 같은 방식으로는 못 이기겠구나"라는 현실이고, 다른 하나는 "이들은 여기까지는 해주고 있지만, 여기서부터는 비어 있구나"라는 틈이다. 경쟁사가 제공하는 기능, 가격, 디자인, 고객 경험, 마케팅 메시지를 정리해 보고, 이용자 후기에서 반복적으로 등장하는 장점과 불만을 추려 보면, 차별화의 실마리가 보인다. 목표는 '완전히 새로운 것'을 찾는 것이 아니라, '사용자 관점에서 훨씬 낫거나, 훨씬 편하거나, 훨씬 명확한 것'이다.

그러나 아무리 자료를 모으고 머리로 생각해도, 책상 위에서만 하는 분석에는 분명 한계가 있다. 그래서 등장하는 개념이 바로 MVP, 최소기능제품이다. MVP는 "딱 이 정도면 이 가설을 검증할 수 있다"는 최소 단위의 제품이나 서비스를 뜻한다. 완벽한 디자인, 모든 기능, 화려한 브랜딩을 다 갖추기 전에, 가장 핵심적인 기능 하나만 구현해서 시장에 내보내 보는 것이다. 예를 들어, 새로운 음식 배달 서비스를 구상한다면, 전국 단위 플랫폼과 복잡한 시스템을 한 번에 구축할 필요가 없다. 특정 동네, 제한된 메뉴, 소수의 제휴 식당만으로도 "사람들이 이 방식에 실제로 반응하는지", "기존 배달 서비스와 무엇이 다르다고 느끼는지"를 확인할 수 있다.

## 1단계: 비즈니스 아이디어 개발과 시장 검증

**아이디어는 시작에 불과하다**
- 아이디어는 취미가 아닌 문제 해결 도구여야 함
- '내게 흥미로운가?'가 아닌 '시장에서 실제로 쓰일 것인가?'가 중요
- 반짝이는 생각은 시작에 불과, 시장 검증이 핵심

VS

**자신의 관심사, 기술, 경험 분석**
- 자신의 관심사와 기술은 오래 버틸 수 있는 동력
- 좋아하지 않는 분야는 난관에서 버티기 어려움
- 자기 관심사와 시장 필요의 교집합 찾기

MVP의 핵심은 "시간과 돈을 적게 들여, 최대한 많은 학습을 하는 것"이다. 처음부터 완성형을 만들겠다는 욕심을 내려놓고, '불편하지만 작동하는 버전'을 들고 나와 사용자에게 솔직한 피드백을 구하는 태도가 중요하다. 이 과정에서 얻는 고객 인터뷰와 설문, 실제 사용 데이터는 책상머리에서 상상했던 것보다 훨씬 날카롭다. "이 기능은 중요할 줄 알았는데, 실제로는 잘 안 쓰이네", "오히려 여기서 더 불편해한다", "이 부분 때문에 기존 서비스보다 좋다고 느끼는구나" 같은 인식의 전환이 일어난다. 그에 따라 우선순위가 바뀌고, 아이디어의 방향이 조금씩 수정되면서, 시장에 더 잘 맞는 형태로 다듬어진다.

중요한 것은, 이 전 과정을 통해 아이디어에 대한 '애정'보다 '정직함'을 키우는 일이다. 창업자는 본인의 아이디어를 좋아할 수밖에 없다. 하지만 시장은 아이디어에 애정을 주지 않는다. 오직 문제 해결 능력과 실제 사용 경험만 평가할 뿐이다. 시장 조사와 경쟁사 분석, 소셜·커뮤니티 관찰, 그리고 MVP 테스트는 모두 "내가 보고 싶은 것"이 아니라 "실제로 존재하는 것"을 보게 만들어 준다. 그 결과, 어떤 아이디어는 과감히 포기하는 것이 나을 수도 있고, 어떤 아이디어는 방향을 크게 틀어야 할 수도 있다. 이 결정을 빨리 내릴수록, 잃는 돈과 시간은 줄어든다.

창업의 첫 단계는 그래서 더 이상 '번뜩이는 아이디어'가 아니다. 그것은 "내가 가진 관심·기술·경험으로, 세상이 실제로 겪는 문제를 어떻게 해결할 수 있는가"라는 질문에 대한 일시적인 답일 뿐이다. 진짜 시작은 그 답이 맞는지 틀렸는지를 검증하는 과정이다. 아이디어 구상 → 시장 조사 → 경쟁사 분석 → MVP 테스트로 이어지는 이 사이클을 빠르게, 여러 번 돌려 본 창업자일수록, 최종적으로 살아남는 아이디어를 붙잡을 가능성이 높아진다. 결국 창업은 '한 번의 천재적인 발상'이 아니라, '수많은 아이디어를 시장 앞에 내놓고, 검증하고, 수정하고, 버리는 반복' 위에서 완성된다.

### 2단계 : 명확한 비즈니스 계획 수립

아이디어가 시장에서 통할 가능성이 있다는 신호를 확인했다면, 그다음 단계는 더 이상 "감"이 아니라 "계획"의 영역이다. 이때 필요한 것이 바로 비즈니스 계획이다. 비즈니스 계획은 투자자에게 보여주기 위한 서류가 아니라, 창업자 본인이 길을 잃지 않도록 붙잡아 주는 로드맵에 가깝다. 장기 여행을 떠나기 전에 지도를 준비하듯, 사업을 시작하기 전에는 '어디로, 어떻게, 무엇을 보고' 갈 것인지가 구체적으로 그려져 있어야 한다.

## 2단계: 명확한 비즈니스 계획 수립

**사명(Mission)과 비전(Vision) 정의**
- 사명: '왜 이 사업을 하는가'에 대한 현재형 답변
- 비전: '이 사업으로 어디까지 가고 싶은가'의 미래형
- 모든 의사결정의 기준점이 되는 나침반 역할

**시장 분석**
- 단순한 느낌이 아닌 실제 숫자로 시장 이해하기
- 시장 규모, 성장률, 주요 소비자층 파악
- 소비자들이 중요하게 생각하는 요소 데이터화

**경쟁자 분석**
- 경쟁자의 강점과 약점 해부하기
- '따라가면 이길 수 있는가'가 아닌 '내 역할은 무엇인가'
- 차별화 포인트 찾기가 목적

**마케팅 및 판매 전략**
- 타겟 고객층 명확히 정의
- 적합한 채널과 메시지 선정
- 고객 여정 전체 설계

**운영 계획**
- 제품/서비스 공급 프로세스
- 고객 응대 및 클레임 처리
- 품질 관리 시스템 구축

**재무 계획**
- 예상 수입/지출 월별 정리
- 손익분기점 계산
- 다양한 시나리오 준비

첫 출발점은 회사 개요, 즉 사명(Mission)과 비전(Vision)을 정의하는 일이다. 사명은 "왜 이 사업을 하는가"에 대한 현재형의 답이고, 비전은 "이 사업

을 통해 어디까지 가고 싶은가"라는 미래형의 그림이다. 예를 들어, 한 온라인 교육 스타트업이 "모든 사람이 질 높은 교육에 접근할 수 있는 세상 만들기"를 사명으로 삼는다면, 할인 정책을 정할 때도, 콘텐츠 수준을 결정할 때도, 제휴를 맺을 때도 항상 이 문장을 기준으로 삼게 된다. 사명이 분명한 회사는 유행을 좇아 이리저리 흔들리기보다, 자신이 풀고자 하는 문제에 집중할 수 있다. 비전은 그 사명이 쌓였을 때 도달하고 싶은 지점, 즉 "5년 뒤, 10년 뒤 우리의 모습"을 그려 주는 역할을 한다.

다음으로 필요한 것은 시장 분석이다. 사업은 항상 누군가의 문제를 해결하는 행위이고, 그 누군가는 '시장'이라는 형태로 존재한다. 막연히 "요즘 운동하는 여성들이 많아졌으니 운동복 시장이 잘 될 것 같다"는 수준을 넘어, 실제 숫자로 시장을 이해하려는 노력이 필요하다. 여성 운동복 시장에 진입하려는 창업자라면, 국내 여성 운동복 시장의 규모가 어느 정도인지, 최근 몇 년 동안 연평균 얼마나 성장했는지, 어떤 연령대의 소비가 가장 활발한지, 소비자들이 중요하게 생각하는 요소(가격, 디자인, 기능성, 브랜드 이미지 등)는 무엇인지 데이터를 통해 확인해야 한다. 이런 분석을 통해 "이 시장이 커질 것 같은 느낌"이 아니라, "이 시장은 이미 어느 정도 크기이고, 앞으로 이렇게 성장할 가능성이 있으며, 그 안에서 내가 노려야 할 세부 타겟은 여기다"라는 구체적인 그림이 나온다.

시장을 이해했다면, 이제 그 안에 이미 자리 잡고 있는 경쟁자들을 바라봐야 한다. 경쟁자 분석은 단순히 "저기는 잘 된다더라, 메뉴가 이렇더라"를 나열하는 작업이 아니라, 그들의 강점과 약점을 해부해 보는 일이다. 카페 창업을 예로 들어보면, 주변 카페들이 어떤 분위기와 콘셉트를 갖고 있는지, 대표 메뉴는 무엇인지, 가격대는 어떻게 형성되어 있는지, 주 고객층은 직장인인지, 학생인지, 주민인지 등을 살핀다. 그리고 이 정보를 바탕으로 "내가 똑같이 따라가면 이길 수 있는가?"가 아니라, "내가 이 사이에서 어떤 역할을 할 수 있는가?"를 고민해야 한다. 이미 가성비에 강한 카페가 있다면, 또 다른 가성비 카페가 아니라, 조용한 작업 공간을 제공하는 콘셉트, 디저트에 특화된 카페, 특정 취향(예술, 책, 반려동물 등)에 초점을 둔 공간처럼 차별화 포인트를 찾아야 한다. 경쟁자 분석의 목적은 '무서워하기'가 아니라, '나만의 위치를 찾기'다.

그 다음으로 비즈니스 계획의 중심축을 이루는 것이 마케팅 및 판매 전략이다. 좋은 상품을 만들어 놓고 "알려지겠지"라고 생각하는 것은, 깜깜한 밤에 불도 켜지 않은 가게를 열어두고 손님이 오기를 기다리는 것과 같다. 마케팅 전략은 "누구에게, 어떤 메시지로, 어떤 채널을 통해, 얼마의 비용을 들여 다가갈 것인가"를 미리 정하는 과정이다. 예를 들어, 20~30대 여성을 주요 타겟으로 하는 운동복 브랜드라면, 인스타그램과 유튜브, 숏폼 영상 플랫폼이 핵심 채널이 될 수 있다. 이들에게 "멋진 몸을 만들자"가 아니라 "내 몸을 편안하게, 나답게" 같은 메시지를 던질 것인지, 인플루언서와 협업할 것인지, 초기에는 할인보다 체험단을 통해 리뷰를 쌓을 것인지도 함께 설계해야 한다. 오프라인을 병행한다면 팝업 스토어, 플리마켓, 체험 부스 같은 접점도 고려할 수 있다. 중요한 것은 "광고를 하겠다"가 아니라, "고객 여성 전체에서 어떤 접점으로 설계할 것인가"를 생각하는 것이다.

운영 계획은 눈에 잘 보이지 않지만, 실제 비즈니스를 굴러가게 만드는 내부 엔진이다. 온라인 쇼핑몰을 예로 들면, 상품을 어디서 어떻게 공급받을지, 입고 검수는 누가 어떤 기준으로 할지, 재고 관리 방식은 무엇으로 할지, 주문이 들어왔을 때 포장과 배송은 어떤 순서와 책임 체계로 진행할지 등을 미리 정해야 한다. 고객 문의가 들어왔을 때 응답 시간 기준은 어떻게 설정할지, 교환·환불 요청이 들어오면 어떤 절차로 처리할지, 클레임이 발생했을 때 누가 최종적으로 판단할지도 운영 계획의 일부다. 이 부분이 허술하면, 마케팅을 통해 고객을 어렵게 데려와도 첫 경험에서 실망하고 떠나 버린다. 반대로, 운영이 잘 설계된 사업은 조금 부족한 마케팅에도 불구하고 입소문과 재구매로 버틸 힘을 갖게 된다.

마지막으로, 재무 계획은 비즈니스 계획의 '현실 점검' 단계다. 여기서는 기대와 희망보다 숫자와 시나리오가 우선이다. 예상 수입과 지출을 월 단위로 정리해 보고, 초기 투자금이 어느 정도인지, 매달 고정비(임대료, 인건비, 구독료 등)는 얼마나 나가는지, 변동비(원재료, 포장, 배송비 등)는 매출에 따라 어떻게 달라지는지 계산해야 한다. 손익분기점은 "매달 얼마만큼 팔아야, 적어도 손해는 보지 않는가"를 보여주는 기준점이다. 예컨대 초기 투자비가 5천만 원이고, 월 순이익이 500만 원이 나온다고 가정하면, 단순 계산상 10개월 후부터 누적 기준으로 손익분기점을 넘기기 시작한다. 하지만 실제로는 초기에 순이익이 마이너스일 가능성이 크고, 매출이 계단식으로 올라갈 수 있기 때문에 여러 시나리오(보수적·기준·낙관적)를 나눠 볼 필요가 있다. 이 과정을 통해 "이 사업이 숫자상으로도 견딜 수 있는 구조인가, 아니면 생각을 더 보완해야 하는가"가 드러난다.

비즈니스 계획을 세운다는 것은 '모든 변수를 완벽히 예측한다'는 뜻이 아니다. 오히려 "이러이러한 가정 아래 이렇게 움직이겠다"는 가이드라인을 만드는 일에 가깝다. 실제로 사업을 시작하면 계획대로 되지 않는 부분이 반드시 생긴다. 그러나 계획이 있으면 무엇이 어긋났는지, 어디서부터 수정해야 할지를 판단할 수 있다. 계획이 없다면, 문제가 생겼을 때 원인을 감정과 '운' 탓으로 돌릴 수밖에 없다. 시장 조사를 통해 아이디어의 가능성을 확인한 지금이, 가장 차분한 마음으로 비즈니스 계획을 세울 수 있는 시점이다. 이때 만들어 두는 한 장 한 장의 문서가, 이후 흔들리는 순간마다 다시 돌아와 방향을 잡아 줄 나침반이 된다.

### 3단계 : 자금 조달 계획 수립

창업을 준비하는 과정에서 가장 먼저 마주치는 벽은 아이디어의 한계가 아니라, 통장 잔액의 현실인 경우가 많다. 머릿속에는 분명히 '될 것 같은 그림'이 그려지고, 사업계획서 위익 숫자도 논리적으로 맞아 보이지만, 정작 실행 단계에 들어가면 초기 인테리어 비용, 첫 발주 대금, 보증금, 마케팅 비용 등이 한꺼번에 밀려오면서 숨이 턱 막힌다. 그래서 창업에서 자금 문제는 "나중에 어떻게든 되겠지"가 아니라, 가장 앞단에서 치열하게 고민해야 하는 출발점이다. 아무리 뛰어난 아이디어와 치밀한 계획도, 실제로 현금이 오가지 못하면 말 그대로 머릿속 시나리오에 그치고 만다.

자금 조달의 첫 번째 축은 자기 자금이다. 창업자가 그동안 모아 둔 저축, 퇴직금, 개인 투자 자금은 가장 손쉽게 쓸 수 있는 원천이다. 외부 간섭이 없다는 점, 의사결정을 온전히 스스로 내릴 수 있다는 점은 큰 장점이다.

누구의 눈치를 보지 않고 방향을 바꾸고, 속도를 조절할 수 있다. 그러나 동시에 가장 큰 리스크도 함께 짊어진다. 사업이 잘 풀리지 않을 경우, 단순히 '한 번 도전해 본 경험'만 남기에는 손실이 너무 클 수 있다.

특히 가정이 있는 창업자라면, 생활비와 사업자금을 명확히 분리하지 않으면 어느 순간 가계 전체가 함께 흔들릴 수 있다. 자기 자금은 "전부를 걸겠다"가 아니라, "잃어도 가정과 인생이 무너지지 않을 한도는 어디까지인가"를 정하는 작업에서 출발해야 한다.

## 3단계: 자금 조달 계획 수립

### 자기 자금과 가족/지인 투자
- 자기 자금: 의사결정 자유롭지만 개인 리스크 큼
- 투자 가능 한도를 명확히 설정해야 함
- 가족/지인 투자: 심리적으로 가까우나 관계 변화 주의
- 투자와 대여 구분, 상환 조건과 기간 문서화
- 지분, 채권 여부, 실패 시 처리 원칙 명확히
- 형식을 갖추는 것이 관계를 지키는 방법
- 감정이 아닌 비즈니스 관점에서 접근 필요
- 투명한 소통과 정기적 보고 체계 구축

### 공공·정부 창업 지원 프로그램
- 예비 창업자/초기 기업 대상 다양한 지원 제공
- 단순 자금 지원 외 교육, 멘토링 혜택
- 사업계획 검증 기회와 전문가 피드백 획득
- 동료 창업자들과 네트워킹 기회 제공
- 외부 투자나 대출 견 리스크 감소 효과
- 경쟁이 치열하므로 선별적 지원 필요
- 서류와 발표 준비에 시간과 에너지 투자
- 사업 단계와 방향에 맞는 프로그램 선택

### 벤처 캐피털(VC) 투자
- 단순한 '돈줄'이 아닌 성장 파트너
- 시장 경험 풍부한 심사역의 조언
- 포트폴리오 기업과의 네트워킹

### 크라우드 펀딩
- 자금 조달과 시장 검증 동시 진행
- 초기 반응과 충성 고객층 확보
- 실패 시 제품/가격/메시지 개선 기회

### 현금 흐름 예측
- 매출은 언제가, 비용은 정확한 날짜에
- 월별/분기별 현금 유출입 예측
- 자금 바닥 시점 미리 파악 및 대비

가족과 지인의 투자는 심리적으로 가장 가까운 자금이지만, 그래서 오히려 더 조심해야 하는 선택지이기도 하다. 어려울 때 손 내밀 수 있는 존재가 있다는 것은 분명 큰 힘이다. 다만 돈이 오가는 순간, 관계의 성격이 바뀐다. "어차피 가족인데"라는 마음으로 구두 약속만으로 돈을 받았다가, 사업이 예상대로 흘러가지 않을 때 묵은 감정이 쌓이고, 결국 오랜 인간관계에 금이 가는 사례도 적지 않다. 가족·지인 투자일수록 투자와 대여를 구분하고, 지분인지, 단순 채권인지, 상환 조건과 기간, 실패했을 때의 처리 원칙을 문서로 명확히 남기는 것이 서로를 지키는 일이다. 관계가 소중하다면, 오히려 형식을 갖추는 편이 낫다.

최근 창업 환경에서 매우 중요한 축으로 떠오른 것이 각종 공공·정부 창업 지원 프로그램이다. 특히 한국에서는 예비 창업자와 초기 창업기업을 대상으로 자금과 교육, 멘토링을 함께 제공하는 다양한 사업들이 운영되고 있다. 이런 프로그램의 장점은 단순히 돈을 지원한다는 데 있지 않다. 사업계획을 다시 한 번 검증하게 만들고, 전문가의 피드백을 받게 하며, 동료 창업자들과 네트워크를 형성할 기회를 제공한다는 점이 크다. 외부 투자를 받기 전, 또는 본격적인 대출에 나서기 전 단계에서, 리스크를 상대적으로 줄이면서도 필요한 초기 비용을 마련할 수 있는 수단이다. 다만 경쟁이 치열하고, 서류와 발표 준비에 적지 않은 시간과 에너지가 들어가기 때문에, 자신의 사업 단계와 방향에 맞는 프로그램을 선별적으로 노려야 한다.

기술 기반 스타트업이라면 벤처 캐피털(VC)의 투자를 고려해 볼 수 있다. VC는 단순한 '돈줄'이 아니라, 성장 속도를 높이기 위한 파트너에 가깝다. 시장 경험이 풍부한 심사역의 조언, 이미 투자한 포트폴리오 기업들과의 네트워크, 후속 투자 유치의 신뢰도 등은 VC 투자가 주는 비금전적 가치다. 그러나 외부 자본을 받는다는 것은 곧 지분을 나누고, 의사결정 일부를 함께 나누는 일을 의미한다. 빠른 성장과 큰 판을 꿈꿀수록, 경영에 대한 통제력 일부를 내려놓을 준비가 되어 있어야 한다. "언젠가 유니콘이 되겠다"는 목표가 아니라, 내 사업의 성장 곡선과 엑시트 전략이 무엇인지가 먼저 정리돼야 VC 투자가 진짜 도움이 된다.

크라우드 펀딩은 자금 조달과 시장 검증을 동시에 할 수 있는 방식이다. 온라인 플랫폼을 통해 다수의 사람들로부터 소액씩 투자 또는 후원을 받는 과정에서, 제품이나 서비스에 대한 초기 반응을 생생하게 확인할 수 있다. 목표 금액을 초과 달성한다면 단지 자금이 늘어나는 것뿐 아니라, 공식 론칭 전에 충성 고객과 팬층을 확보하게 되는 셈이다. 반대로, 목표 금액에 미치지 못한다면 상처로만 받아들일 필요는 없다. 그 결과 자체가 현재 시장에서의 수요나 메시지 전달 방식, 가격 설정이 어긋나 있다는 신호일 수 있기 때문이다. 중요한 것은 결과를 솔직하게 분석하고, 제품·콘셉트·커뮤니케이션을 개선하는 데이터로 활용하는 태도다.

이처럼 자금 조달 방법은 다양하지만, 진짜 핵심은 "얼마를, 어디에, 어떤 속도로 쓸 것인가"를 설계하는 일이다. 많은 예비 창업자가 '필요 자금 총액'을 머릿속에만 대략적으로 잡아 두고, 실제 항목별로 얼마나 나가는지, 시점은 언제인지 구체적으로 쪼개지 않는다. 그러나 사업에서 치명상을 입히는 것은 보통 한 번의 큰 지출이 아니라, 매달 꾸준히 새어나가는 고정비와 예상치 못한 타이밍의 지출이다. 제품 개발과 원재료비, 마케팅과 광고비, 유통·배송비, 인건비·운영비, 사무실·매장 임차료와 설비비 등을 모두 목록으로 적어 보고, 초기 6개월~1년 동안 월별로 어느 정도의 현금이 나갈지를 숫자로 표현해 보는 과정이 필수다.

여기서 중요한 개념이 바로 '현금 흐름 예측(Cash Flow Forecast)'이다. 매출은 언젠가 들어올 수 있지만, 비용은 매달 정확한 날짜에 나간다. 임대료, 인건비, 카드대금, 원재료 입금일은 기다려 주지 않는다. 따라서 단순히 "연간 매출·연간 비용"이 아니라, "월별·분기별로 언제 얼마가 들어오고, 언제 얼마가 나가는지"를 예측해야 한다. 이 그림을 그려 놓아야, 어느 시점에 자금이 바닥날 위험이 있는지, 그 구간을 넘기기 위해 추가로 얼마를 더 확보해야 하는지, 또는 비용 구조를 어디서 줄여야 하는지가 보인다. 현금 흐름이 플러스로 돌아서는 시점이 지나치게 멀리 있다면, 그 사업 모델 자체를 다시 검토해야 할 신호일 수도 있다.

창업 자금은 단순히 "돈을 얼마나 모았느냐"보다, "그 돈이 얼마나 오래 버티게 설계했느냐"가 더 중요하다. 여유 자금 없이 시작한 사업은 작은 변수에도 쉽게 흔들린다. 입점이 늦어지거나, 인테리어 비용이 예상보다 늘어나거나, 첫 매출이 기대만큼 나오지 않는 것은 창업 현장에서 매우 흔한 일이다. 이때 버틸 체력이 없으면 아직 잘못인지, 단지 시간이 필요한 것인지조차 판단하기 전에 접어야 하는 상황이 벌어진다. 반대로, 현금 흐름을 냉정하게 계산하고, 여러 자금원을 적절히 조합해 리스크를 분산시킨 창업자는 불확실성을 견디는 힘이 다르다.

결국 창업 자금의 본질은 '가능성을 돈으로 번역하는 과정'이다. 좋은 아이디어와 치밀한 계획은 출발점일 뿐, 그것이 현실에서 숨 쉴 수 있도록 산소를 공급하는 역할을 하는 것이 자금이다. 이 산소를 어떻게 모으고, 어디에 먼저 쓰며, 언제까지 버틸 수 있을지를 명확히 알고 출발하는 창업자는, 같은 난관을 만나더라도 훨씬 차분하게 버티고 방향을 조정할 수 있다. 숫자를 외면하지 않고 정면으로 마주하는 것, 그것이 창업자의 첫 번째 용기다.

### 4단계 : 사업 구조 결정 및 법적 준비

아이디어도 있고, 사업 계획도 세웠고, 자금까지 어느 정도 준비됐다면, 이제 남은 관문은 '법적으로 사업을 시작할 수 있는 상태'를 만드는 일이다. 이 단계에서의 준비가 허술하면, 훗날 세무 문제나 책임 문제, 인허가 미비 같은 예상치 못한 리스크로 발목이 잡힐 수 있다. 많은 창업자가 이 부분을 단순한 서류 작업 정도로 여기고 서둘러 넘어가지만, 실제로는 사업의 몸체를 어떤 구조로 만들 것인가를 결정하는 매우 중요한 선택의 순간이다.

# 4단계: 사업 구조 결정 및 법적 준비

**개인사업자**
- 절차가 간단하고 빠르게 시작 가능
- 세금 처리가 상대적으로 단순함
- 사업 채무가 개인 책임으로 연결됨

**법인(주식회사)**
- 법적 인격을 가진 별도 주체로 존재
- 투자 유치, 지분 구조 설계에 유리
- 설립과 유지에 더 많은 절차와 비용 필요

**인허가 준비의 중요성**
- 사업 계획 초기부터 인허가 요건 검토 필수
- 업종별로 다양한 인허가 기준 존재
- 음식점: 영업 신고/허가, 위생교육, 시설 기준
- 의료/미용/교육: 더욱 엄격한 기준 적용
- 온라인 사업도 오프라인과 동일 규제 가능
- 인허가 취득에 수개월 소요될 수 있음
- 자격증/경력 요건 미리 확인 필요
- 인허가 없이 영업 시 과태료/영업정지 위험

**인허가 관리 시스템**
- 인허가는 한 번으로 끝나지 않음
- 정기 위생 점검, 시설 기준 재검토 필요
- 교육 이수, 보험 갱신 등 지속 관리
- 체크리스트와 달력 알림 시스템 구축
- 주요 갱신 기한 미리 기록해두기
- 담당자 지정 및 책임 명확화
- 변경된 법규/기준 정기적 확인
- 위반 사항 발생 시 신속 대응 체계 마련

가장 먼저 결정해야 할 것은 이 사업을 어떤 형태로 운영할 것인가, 즉 개인 사업자로 할 것인지, 법인으로 설립할 것인지의 문제다. 개인사업자는 말 그대로 '사장 개인'과 사업이 하나로 묶여 있는 형태다. 절차가 간단하고, 관공서에 가서 사업자등록만 하면 비교적 빠르게 시작할 수 있다. 소규모로, 리스크가 상대적으로 크지 않은 업종에서, 빠르게 시작해 시장을 테스트해 보고 싶은 창업자에게는 부담이 적은 선택지다. 세금 처리도 상대적으로 단순해, 초기에는 복잡한 회계 시스템 없이도 운영이 가능하다.

하지만 개인사업자에는 치명적인 한계가 있다. 사업에서 발생한 채무와 책임이 곧 '개인의 책임'이 된다는 점이다. 사업이 잘못되어 빚을 지게 되면, 사업 명의 자산뿐 아니라 개인 명의의 재산까지 법적 책임의 대상이 될 수 있다. 또한, 규모가 커지고 매출이 일정 수준을 넘어서면 세금 측면에서 불리해지는 구간도 생길 수 있다. 초기에 '일단 개인으로 시작해 보자'며 아무 생각 없이 선택했다가, 사업이 어느 정도 성장한 뒤에야 구조를 바꾸느라 추가 비용과 절차를 감수하는 사례도 적지 않다.

법인, 특히 주식회사 형태로 설립하는 것은 한층 복잡한 절차를 요구하지만, 그만큼 중장기적인 사업을 염두에 둔 선택이다. 법인은 말 그대로 '법적 인격'을 가진 또 하나의 '사람'이 생기는 것과 같다. 사업상의 권리와 의무가 개인이 아니라 법인에게 귀속되기 때문에, 투자 유치, 지분 구조 설계, 승계, 매각 등 다양한 전략적 선택을 할 수 있는 기반이 마련된다. 또한, 채무 역시 원칙적으로는 법인 자산 범위 안에서 책임을 지게 되므로, 개인 재산을 분리해 보호할 수 있는 여지가 생긴다. 장기적으로 큰 규모로 키우고 싶거나, 외부 투자자와 함께 성장시킬 계획이 있다면, 번거롭더라도 초기부터 법인 설립을 고민할 필요가 있다.

물론 법인은 장점만 있는 것은 아니다. 설립 단계에서부터 정관 작성, 발기인 구성, 자본금, 각종 등기 절차 등 챙겨야 할 것이 많다. 설립 이후에도 회계 처리가 훨씬 체계적이어야 하고, 결산·공시·이사회·주주총회 등 법적으로 요구되는 절차를 꾸준히 지켜야 한다. 작은 규모에서 시작하는 개인에게는 이 모든 것이 부담스럽게 느껴질 수 있다. 그래서 선택의 기준은 "지금 내 사업의 규모"에만 두기보다는, "이 사업을 어떻게 키우고 싶은지, 3~5년 뒤 어떤 그림을 그리고 있는지"에 둬야 한다. 단기적으로 편한 길보다, 장기적으로 전략에 맞는 길을 택하는 것이 결국 비용과 리스크를 줄여 준다.

사업 형태를 정하는 문제와 함께, 간과하기 쉬운 또 하나의 축이 바로 인허가다. 창업자는 대개 아이디어와 제품·서비스에 집중하다 보니, '법적으로 이 사업을 해도 되는지'에 대한 검토를 뒤로 미루는 경향이 있다. 하지만 사업

종류에 따라 요구되는 인허가는 제각각이고, 이를 구비하지 않은 상태에서 영업을 시작하면 과태료는 물론, 영업정지나 형사 책임까지 이어질 수 있는 영역이다. 한 번 제재를 받으면 다시 신뢰를 회복하는 데 훨씬 더 큰 시간과 비용이 들어간다.

대표적인 예가 음식점이다. 단순히 공간을 임대하고 주방 장비를 설치했다고 해서, 바로 영업할 수 있는 것이 아니다. 식품위생법에 따른 영업 신고 및 허가, 위생교육 수료, 시설 기준 충족 여부 등 여러 요건을 충족해야 한다. 주방 배치, 급수·배수 시설, 냉장·냉동 설비, 위생 설비 등이 기준에 맞지 않으면 추가 공사를 해야 할 수도 있다. 이를 공사 이후에 알게 되면, 이미 들어간 인테리어 비용과 시간이 모두 손해로 돌아간다. 인허가 기준을 먼저 확인하고, 그에 맞춰 설계와 공사를 진행해야 하는 이유가 여기에 있다.

의료, 미용, 교육, 유아 관련 사업 등 사람의 건강과 안전, 권리와 직결되는 분야에서는 인허가 기준이 더욱 엄격해진다. 의료 관련 사업이라면 보건 당국의 허가와 자격 요건이 필수이고, 학원이나 돌봄 서비스라면 시설 기준, 교사 자격, 안전 설비, 보험 가입 등 다층적인 요구사항이 뒤따른다. 온라인 플랫폼을 통해 서비스를 제공하더라도, 실제 서비스 내용에 따라 오프라인과 동일한 규제가 적용될 수 있다. "온라인이니까 규제를 피할 수 있다"는 생각은 위험한 착각이다.

중요한 것은 인허가를 '마지막에 처리하는 일'이 아니라, 사업 계획 초기부터 함께 검토해야 하는 요소로 두는 것이다. 어떤 업종·아이템을 선택할지 고민하는 단계에서부터, 해당 업종의 인허가 요건과 규제 수준, 준비 기간과 비용을 함께 조사해야 한다. 어떤 경우에는 인허가 취득에 몇 달이 걸리거나, 관련 자격증이나 경력이 필요한 경우도 있다. 이 정보를 모른 채로 사업 시작 시점만 정해놓고 준비를 하다 보면, 막판에 인허가 때문에 개점이 지연되는 상황이 발생한다. 창업 초기 자금이 넉넉하지 않은 상황에서는 이 몇 달의 공백이 치명적일 수 있다.

또한 인허가는 한 번 받고 끝나는 것이 아니라, 유지·갱신·점검이라는 관리 단계가 뒤따른다. 정기 위생 점검, 시설 기준 재검토, 교육 이수, 보험 갱신 등은 모두 사업자가 책임지고 챙겨야 할 의무다. 이를 시스템으로 관리하지 않으면, 바쁜 운영 와중에 기한을 놓치고 뒤늦게 문제를 발견하는 일이 반복될 수 있다. 초기부터 체크리스트를 만들어두고, 달력이나 관리 도구에 주요 기한을 기록해 두는 습관이 필요하다.

결국 사업 형태의 선택과 인허가 준비는 '법적으로 내 사업의 뼈대를 세우는 작업'이다. 겉으로 보기에 화려한 인테리어, 멋진 로고, 세련된 마케팅보다도 선행되어야 할 기본 공사에 가깝다. 건물을 지을 때 기초를 제대로 다지지 않으면, 아무리 위에 예쁘게 올려도 작은 흔들림에도 금이 가듯이, 법적 구조와 인허가가 허술한 사업은 조금만 외부 충격이 와도 크게 흔들린다. 창업자는 늘 '빨리 시작하고 싶다'는 마음과 싸운다. 하지만 이 단계에서의 신중함이 훗날의 큰 리스크를 막는 보험이라는 점을 기억할 필요가 있다.

아이디어와 열정, 계획과 자금이 준비된 지금이야말로 한 번 숨을 고르고, "이 사업을 어떤 형태로 운영할 것인가, 법적으로 어떤 허가와 책임을 안고 가야 하는가"를 차분히 점검할 때다. 이 기초 작업이 단단할수록, 이후의 마케팅, 운영, 확장은 훨씬 덜 흔들리며 진행될 수 있다. 사업의 성패를 가르는 것은 종종 눈에 잘 보이지 않는 이런 법적·제도적 준비에서 갈린다.

## 5단계 : 운영 준비 및 팀 구성

오프라인에서 물리적 매장을 운영하는 사업이라면, '무엇을 파는가' 못지않게 '어디에서 파는가'가 중요하다. 카페, 식당, 소매점처럼 발걸음이 매출로 직결되는 업종에서는 좋은 입지가 곧 마케팅이고, 매장 앞을 지나가는 사람들의 발길이 곧 광고비를 대신한다.

---

## 5단계: 운영 준비 및 팀 구성

### 입지 선정의 중요성
- 오프라인 매장은 위치가 곧 마케팅
- 발걸음이 매출로 직결되는 업종
- 한 번 정하면 바꾸기 어려운 선택

### 고객 동선 분석
- 타깃 고객에 따라 '좋은 위치' 기준 달라짐
- 직장인 대상: 오피스 밀집 지역, 지하철역
- 가족 단위: 아파트 단지, 공원 인근

### 경쟁 상황 분석
- 경쟁 많은 상권은 위험이자 기회
- 수요가 이미 검증된 지역일 수 있음
- 차별화 포인트 명확히 설정 필요

### 인재 채용과 팀 구성
- 사업은 결국 사람과 함께하는 일
- 초기에는 '내가 다 하면 되지'라는 생각이 일반적
- 직원 채용은 단순히 '손을 늘리는 것'이 아님
- 채용 시 '이 사람이 우리 브랜드의 얼굴이 될 수 있는가' 고려
- 프리랜서와 협업, 아웃소싱도 적절히 활용
- 브랜딩, 웹사이트 구축 등은 전문가 도움이 효율적
- 통제와 신뢰의 균형이 중요
- 방향성과 기준은 사업가가 제시, 세부 구현은 전문가에게 위임

### 멘토와 사업 파트너의 역할
- 비슷한 업종 경험자나 전문가는 리스크와 기회를 미리 짚어줌
- 중요한 결정 앞에서 '외부 시선'의 가치는 매우 소중함
- 파트너 선택 시 단순 친분이나 감정에 기대지 말 것
- 역할과 지분, 의사결정 구조를 명확히 합의하고 문서화
- 좋은 관계도 이해관계가 엇갈리면 쉽게 흔들림
- 애초에 구조를 깔끔하게 짜두는 것이 서로를 지키는 방법
- 멘토는 창업 과정의 시행착오를 줄여주는 안내자
- 사업 파트너는 부족한 역량을 보완하는 동반자

---

아무리 인테리어가 멋지고 메뉴가 훌륭해도, 사람의 발길이 닿지 않는 골목에 자리 잡으면 버티기조차 어렵다. 반대로 평범한 메뉴를 팔더라도 유동 인구가 많은 위치, 고객 동선의 핵심 지점에 있다면 자연스럽게 방문과 매출이 발생한다. 입지는 한 번 정하면 바꾸기 어렵기 때문에, 초기 창업 단계에서 가장 오랫동안 고민해야 하는 선택지다.

입지를 고를 때 가장 먼저 봐야 할 것은 고객 동선이다. 타깃 고객이 누구인지에 따라 '좋은 위치'의 기준이 달라진다. 직장인 점심 수요를 노리는 식당이라면 오피스 밀집 지역, 지하철역 출구 주변, 회사 건물 동선의 허리 같은 곳이 유리하다. 반면, 주말 가족 단위 방문을 노리는 카페라면 대형 아파트 단지 주변, 공원 인근, 쇼핑몰 주변처럼 여유를 즐기러 나오는 동선이 중요한 기준이 된다. 숫자로 측정되는 유동 인구만이 아니라, 그 유동 인구가 '내가 원하는 고객인지'가 핵심이다. 하루 1만 명이 지나가도 대부분 관심이 없는 사람이라면, 실제 잠재 고객 3천 명이 꾸준히 오가는 길목보다 못할 수 있다.

경쟁 상황도 냉정하게 분석해야 한다. 비슷한 업종이 몰려 있는 상권은 위험처럼 보이지만, 동시에 수요가 이미 검증된 곳이기도 하다. 예를 들어, 카페가 많은 거리에서는 "사람들이 이 지역에서 커피를 자주 소비한다"는 신호가 된다. 다만, 그 안에서 어떤 포지션을 잡을지가 관건이다. 대형 프랜차이즈가 장악한 상권 안에서 똑같이 가격, 메뉴, 분위기로 정면 승부를 걸면 고생만 하고 끝날 수 있다. 오히려 콘셉트의 차별화, 특정 시간대나 타깃층에 집중하는 전략, niche한 메뉴나 서비스로 틈새를 파고드는 편이 현명하다. 경쟁이 많다고 무조건 피하는 것이 능사는 아니지만, '내가 들어가서 어떤 역할을 할 수 있는지'를 명확히 그려보지 못한다면 그 상권은 위험한 노선이 될 수 있다.

임차료는 입지의 매력을 숫자로 환산한 결과다. 좋은 위치일수록 임차료는 비싸지고, 높은 임차료는 매달 고정비를 압박한다. 많은 창업자가 "매출만 잘 나오면 감당할 수 있겠지"라는 기대를 품고 무리한 임차료를 부담했다가, 조금만 매출이 흔들려도 버티지 못하는 상황에 놓인다. 임차료는 '최대 매출이 아니라, 최악의 매출을 가정했을 때도 감당 가능한 수준인가'를 기준으로 판단해야 한다. 즉, 성수기가 아닌 비수기, 홍보가 잘 안 되었을 때, 외부 변수 (날씨, 경기, 이슈)가 겹쳤을 때에도 최소한 적자를 견딜 수 있는 구조인지 미리 계산해 봐야 한다. 입지 선정은 욕심의 문제가 아니라 지속 가능성의 문제다.

사업은 결국 사람과 함께하는 일이다. 처음에는 "내가 다 하면 되지"라는 마음으로 시작하기 쉽지만, 운영이 본격화되면 주문, 서비스, 재고 관리, 마케팅, 회계, 고객 응대까지 혼자서 감당하기 어려운 순간이 온다. 이때 필요한 것이 팀과 파트너다. 직원을 채용하는 것은 단순히 '손을 하나 더 늘리는 것'이 아니라, 사업의 일부를 다른 사람에게 위임하는 일이다. 어떤 업무를 맡길지, 어떤 기준으로 사람을 뽑을지, 권한과 책임을 어디까지 줄지에 따라 그 사람은 단순한 알바생이 될 수도, 함께 사업을 키워가는 핵심 인력이 될 수도 있다. 채용 단계에서부터 "이 사람이 우리 브랜드의 얼굴이 될 수 있는가", "고객 앞에서 믿고 내보낼 수 있는가"를 고민해야 한다.

프리랜서와의 협업, 아웃소싱도 적절히 활용할 만한 선택지다. 브랜딩, 로고 디자인, 웹사이트 구축, 촬영, 온라인 광고 운영 등은 전문성이 요구되는 영역이기에, 초기부터 모든 것을 직접 하려 하기보다는 외부 전문가의 도움을 받는 것이 시간과 비용 측면에서 더 효율적일 수 있다. 중요한 것은 통제와 신뢰의 균형이다. 전적으로 맡겨놓고 손을 떼는 것이 아니라, 방향성과 기준은 사업자가 분명히 제시하되, 세부 구현은 전문가에게 맡기는 방식이 이상적이다. 이 과정에서 좋은 프리랜서와 파트너를 만나면, 향후 새로운 프로젝트를 할 때도 함께 갈 수 있는 든든한 인적 자산을 얻게 된다.

멘토와 사업 파트너의 존재 역시 창업의 성공 확률을 크게 높여 준다. 비슷한 업종을 먼저 경험한 선배, 다수의 창업 사례를 지켜본 전문가, 혹은 재무·법률·세무 등 특정 분야에 강점을 가진 사람은 생각하지 못했던 리스크와 기회를 미리 짚어 줄 수 있다. 특히 중요한 결정을 앞두고 있을 때, 자신의 생각을 검증하고 보완해 줄 '외부 시선'은 매우 소중하다. 단, 파트너를 선택할 때는 단순히 친분이나 감정에 기대기보다, 역할과 지분, 의사결정 구조를 명확히 합의하고 문서화하는 것이 필수적이다. 좋은 관계도 이해관계가 엇갈리면 쉽게 흔들리기 때문에, 애초에 구조를 깔끔하게 짜 두는 것이 서로를 지키는 일이다.

제품을 생산하거나 서비스를 제공하기 위해서는 결국 공급망이라는 뼈대가 필요하다. 원재료, 부품, 포장재, 장비를 공급하는 업체, 혹은 외주 생산을 맡는 공장은 단순 거래처가 아니라 사업의 '숨은 엔진'이다. 공급이 불안정하면 매장 운영도 불안정해지고, 품질이 들쭉날쭉하면 고객 경험도 함께 흔들린다. 따라서 공급업체를 고를 때는 가격만 보지 말고, 품질의 일관성, 납기 준수 능력, 문제 발생 시 대응 태도, 소통의 속도와 성실함을 함께 살펴야 한다. 조금 더 싼 가격에 혹해 불안정한 공급처를 선택하면, 장기적으로는 재고 부족, 클레임, 고객 이탈이라는 더 큰 비용을 치르게 된다.

공급업체와의 관계는 단발성이 아니라 장기전이다. 처음 거래를 시작할 때부터 서로의 기대와 기준을 명확히 맞추는 것이 중요하다. 주문량이 변동될 수 있는 시즌, 긴급 주문이 필요한 상황, 품질 이슈가 발생했을 때의 대응 방식 등을 미리 이야기해 두면, 실제 문제가 생겼을 때 훨씬 원만하게 해결할 수 있다. 또한, 성수기·비수기 패턴을 공유하고 물량 계획을 함께 세우면, 공급업체도 더 안정적으로 생산을 계획할 수 있고, 사업자는 품절이나 공급 지연의 위험을 줄일 수 있다. 결국 좋은 공급업체는 비용을 절감해 주는 파트너이자, 리스크를 줄여 주는 든든한 동반자다.

결국 물리적 매장, 사람, 공급망은 각각 따로 떨어진 요소가 아니라 하나의 시스템을 이룬다. 입지는 고객과의 물리적 만남을 설계하는 일이고, 팀과 파트너는 그 만남의 질을 만들어 가는 사람들이다. 공급업체는 그 만남에 필요한 재료와 기반을 안정적으로 채워 넣는 역할을 한다. 어느 한 요소라도 허술하면 전체 시스템이 흔들린다. '좋은 자리에만 들어가면 된다', '좋은 사람만 뽑으면 된다', '싸게 공급받으면 된다'는 식의 단편적인 접근으로는 오래 가기 어렵다. 입지는 숫자와 동선으로, 팀은 신뢰와 역할로, 공급망은 안정성과 품질로 차근차근 따져 보며 설계할 때, 비로소 사업은 외부 충격에도 쉽게 무너지지 않는 탄탄한 구조를 갖추게 된다.

## 6단계 : 마케팅 전략 수립 및 실행

아무리 뛰어난 제품과 서비스를 가지고 있어도, 그것이 고객의 눈과 귀에 닿지 못한다면 시장에서의 가치는 쉽게 제로에 수렴한다. 장인의 정성이 깃든 상품, 차별화된 노하우로 만든 서비스도 결국 '알려지지 않으면 없는 것과 같다'는 냉정한 현실 앞에 선다. 그래서 오늘날 사업 환경에서 마케팅은 선택 사항이 아니라 생존을 위한 필수 전략이 된다. 문제는 많은 소상공인과 초기 창업자들이 여전히 "좋은 것만 만들면 언젠가는 알아주겠지"라는 기대에 머물러 있다는 점이다. 고객이 넘쳐나는 정보 속에서 스스로 찾아와 줄 것이라는 믿음은, 이미 포화된 시장에서는 거의 작동하지 않는다.

체계적인 마케팅의 출발점은 강력한 브랜드를 세우는 일이다. 브랜드는 단순한 상호나 로고를 넘어, 이 사업이 무엇을 지향하고, 누구에게 어떤 가치를 제공하는지를 응축해 담는 그릇이다. 손님 입장에서 생각해 보면, 개별 제품명이나 세부 스펙보다 먼저 떠오르는 것은 '어느 브랜드냐'이다. 신뢰가 쌓인 브랜드는 새 제품을 내놓더라도 상대적으로 쉽게 선택을 얻고, 가격 경쟁에서도 덜 흔들린다.

## 6단계 : 마케팅 전략 수립 및 실행

### 강력한 브랜드 구축
- 좋은 제품도 알려지지 않으면 가치가 없음
- 브랜드는 단순한 상호나 이름 이상의 의미
- 사업이 지향하는 가치와 제공하는 가치를 담는 그릇

### 브랜드 아이덴티티 요소
- 로고, 슬로건, 브랜드 색상은 기억에 남는 핵심 도구
- 사람의 뇌는 복잡한 문장보다 이미지와 색, 짧은 문구를 잘 기억
- 모든 접점에서 일관된 브랜드 요소 유지가 중요

### 온라인 존재감 확립
- 현대 소비자는 검색을 통해 세상을 봄
- 기본 정보가 잘 정리된 웹사이트 필요
- 최신 정보가 업데이트된 소셜 미디어는 신뢰 형성

### 웹사이트와 소셜 미디어 활용
- 웹사이트는 공식 정보의 집합소로 활용
- 사업 소개, 위치, 영업시간, 대표 상품, 문의 방법 등 정리
- 소셜 미디어는 '이야기'를 보여주는 공간
- 인스타그램: 매장 분위기, 고객 후기, 준비 과정 공유
- 유튜브: 제품 사용법, 노하우, 사장님의 철학 설명
- 모든 채널에서 브랜드의 톤과 스타일 일관성 유지
- 온라인과 오프라인에서 '한 사람, 한 브랜드'로 보이는 일관성
- 고객과의 소통 창구로 활용하여 신뢰 구축

### 검색엔진 최적화와 채널조합
- SEO: 온라인 존재감이 '발견되는 구조'로 작동하게 함
- 고객이 실제로 검색할 법한 키워드로 콘텐츠 구성
- 예: '건성 피부 겨울 관리법', '민감성 피부 기초 루틴'
- 노골적 판매보다 도움 되는 정보 제공이 중요
- 다양한 마케팅 채널 조합으로 시너지 창출
- 블로그/유튜브의 깊이 있는 콘텐츠를 소셜에서 요약 공유
- 온라인 광고로 관심사 맞는 잠재 고객에게 노출
- 지역 기반 비즈니스는 지역 커뮤니티와 지도 서비스 활용

반대로 브랜드가 약하거나 정체성이 모호하면, 아무리 좋은 제품도 그때그때 가격과 리뷰에 의해 쉽게 대체된다. 이름 없는 상품, 얼굴 없는 서비스는 고객의 기억 속에 오래 남기 어렵다.

여기서 로고, 슬로건, 브랜드 색상은 브랜드를 고객의 기억 속에 새겨 넣는 핵심 도구가 된다. 사람의 뇌는 복잡한 문장보다 단순한 이미지와 색, 짧은 문구를 더 잘 기억한다. 멀리서도 한눈에 알아볼 수 있는 로고, "이 브랜드가 무엇을 위해 존재하는지"를 한 줄로 요약한 슬로건, 그리고 매장·포장·온라인 채널 전반에 일관되게 쓰이는 색상은 모두 고객의 머릿속에서 브랜드

를 하나의 이미지로 묶어 준다. 문제는 많은 사업자들이 이를 단순히 "디자인을 한 번 예쁘게 해두는 것" 정도로만 여기고, 실제 운영 과정에서는 간판, 명함, 배너, 온라인 이미지마다 제각각 다른 색과 스타일을 쓰는 데 있다. 이렇게 되면 반복 노출의 효과가 사라지고, 고객의 기억 속에서 브랜드는 계속 낯선 상태로 남게 된다.

브랜드가 정리되었다면, 이제는 온라인에서의 존재감을 세우는 작업이 필요하다. 현대의 소비자는 검색을 통해 세상을 본다. 궁금한 것이 생기면, 가장 먼저 스마트폰을 꺼내 검색창에 이름을 입력한다. 이때 아무 정보가 나오지 않거나, 오래된 블로그 글 한두 개만 어정쩡하게 뜬다면, 신뢰는 출발선에서 이미 크게 깎인다. 반대로, 기본 정보가 잘 정리된 웹사이트와 최신 사진·메뉴·가격이 업데이트된 페이지, 최근까지 운영 흔적이 보이는 소셜 미디어 계정이 있다면, 그것만으로도 "그래도 어느 정도 잘 운영되는 곳이구나"라는 인상을 준다. 온라인에서의 첫인상이 곧 신뢰의 첫 문턱이 된 셈이다.

웹사이트와 소셜 미디어는 역할 분담이 가능하다. 웹사이트는 공식 정보의 집합소로, 사업 소개, 위치, 영업시간, 대표 상품, 문의 방법을 깔끔하게 정리하는 데 집중하면 된다. 소셜 미디어는 그 사이사이의 '이야기'를 보여주는 공간이다. 인스타그램에서 오늘의 매장 분위기나 고객 후기, 준비 과정의 스냅을 공유하고, 유튜브에서 제품 사용법이나 노하우, 사장님의 철학을 설명하는 영상 콘텐츠를 올리는 식이다. 중요한 것은 이 모든 채널에서 브랜드의 톤과 스타일이 크게 흔들리지 않도록 맞추는 것이다. 온라인에서든 오프라인에서든, 고객의 눈에는 '한 사람, 한 브랜드'로 보이는 일관성이 신뢰를 만든다.

검색엔진최적화(SEO)는 이러한 온라인 존재감이 '발견되는 구조'로 작동하도록 만들어 준다. 어렵게 느껴질 수 있지만, 핵심은 고객이 실제로 검색할 법한 말로 콘텐츠를 구성하는 데 있다. 예를 들어, 피부 관리 제품을 판매한다면 "건성 피부 겨울 관리법", "민감성 피부 기초 루틴" 같은 주제를 다룬 글이나 영상을 제작하고, 그 안에서 자연스레 자사 제품을 연결하는 방식이다. 이때 중요한 것은 노골적인 판매가 아니라, 먼저 진짜 도움이 되는 정보를 제공한 뒤, 그 해결책 중 하나로 자사 제품을 제안하는 균형이다. 고객은 '나를 이해하고 돕는 전문가'로 느끼는 브랜드에 더 오래 머물고, 더 쉽게 지갑을 연다.

여기에 다양한 마케팅 채널을 조합하면 시너지가 생긴다. 블로그나 유튜브에서 깊이 있는 콘텐츠를 제공하고, 그 내용을 인스타그램과 같은 소셜 채널에서 가볍게 요약해 재차 노출한다. 필요하다면 온라인 광고를 통해 관심사가 맞는 잠재 고객에게 이 콘텐츠를 보여줄 수도 있다. 오프라인 매장을 운영한다면, 지역 커뮤니티와 지도 서비스, 동네 기반 채팅방을 활용해 "바로 근처에 있는, 믿을 만한 가게"라는 이미지를 구축할 수 있다. 같은 메시지를 다른 채널에서 반복적으로 마주친 고객은 어느 순간 그 브랜드를 '익숙한 존재'로 받아들이게 된다. 마케팅에서 익숙함은 곧 신뢰의 전 단계다.

마지막으로, 마케팅의 진짜 목적은 단지 새로운 고객을 데려오는 데서 끝나지 않는다. 한 번 찾아온 고객을 다시 오게 만들고, 그 고객이 또 다른 고객을 데려오게 하는 선순환 구조를 만드는 것이 더 중요하다. 이를 위해서는 쿠폰, 멤버십, 포인트 제도 같은 형식적인 장치보다, "이곳은 나를 기억해 준다"는 느낌을 주는 정서적 연결이 필요하다. 구매 이력이나 선호를 반영한 맞춤 메시지, 자주 오는 고객을 위한 작은 이벤트, 후기와 문의에 대한 성의 있는 응답이 결국 고객 충성도를 만든다. 충성 고객은 광고비 없이도 자발적인 입소문을 내는 가장 강력한 마케터가 된다.

결국 체계적인 마케팅 전략이란 별다른 비밀 기술이 아니다. 자신의 사업이 지향하는 바를 분명히 하고, 그 정체성을 브랜드로 잘 묶어 낸 뒤, 고객이 실제로 머무는 온라인·오프라인 공간 곳곳에서 일관된 모습으로 반복해서 나타나는 일이다. 좋은 제품과 서비스는 그 기반일 뿐, 고객과의 연결을 설계하고 관계를 꾸준히 키워 나가는 작업이 뒤따르지 않으면 시장에서의 존재감은 쉽게 희미해진다. 마케팅은 "팔기 위한 요란한 포장"이 아니라, "제대로 된 가치를 적절한 고객에게 정확히 연결해 주는 다리"다. 지금 이 순간에도 수많은 경쟁자들이 그 다리를 먼저 놓고 있다면, 망설임은 곧 기회 상실이 된다.

## 7단계 : 오픈 후 운영 및 지속적 개선

가게 문을 열고, 서비스 버튼을 처음으로 'ON'으로 돌린 순간부터 사업은 전혀 다른 국면에 들어간다. 준비 단계에서는 모든 것이 머릿속 시나리오와 엑셀 속 숫자로 존재했지만, 오픈 첫 주, 첫 달부터는 실제 사람들의 행동과 반응이 그 시나리오를 시험하기 시작한다. 그래서 초기 운영 단계는 단순히 "한 번 시작해 보는 기간"이 아니라, 사업의 체질을 결정하는 시험 기간에 가깝다. 이 시기에 데이터를 얼마나 세밀하게 보고, 피드백을 얼마나 겸손하게 받아들이며, 얼마나 빠르게 조정하느냐에 따라 같은 아이템이라도 완전히 다른 궤적을 그린다.

가장 먼저 해야 할 일은 '관찰'과 '기록'이다. 매출이 얼마 나왔는지 보는 것에 그치지 않고, 예상과 무엇이 어떻게 달랐는지를 찬찬히 비교해야 한다. 어떤 요일, 어떤 시간대에 손님이 몰리는지, 어떤 메뉴나 상품이 예상보다 잘 나가는지, 반대로 자신 있게 준비했던 상품이 생각보다 반응이 없는지 하나하나 체크해야 한다. 작은 카페라면 테이블 회전율, 포장 주문 비율, 1인 손님 비율 등을 볼 수 있고, 온라인 쇼핑몰이라면 페이지 방문 대비 구매 전환율, 장바구니에 담겼다가 결제되지 않은 상품, 유입 경로별 성과 등을 살펴볼 수 있다.

## 7단계: 오픈 후 운영 및 지속적 개선

### 고객 충성도 구축
- 마케팅의 진정한 목적은 단순 신규 고객 유치가 아님
- 한 번 찾아온 고객을 다시 오게 만드는 것이 중요
- 고객이 또 다른 고객을 데려오는 선순환 구조 구축
- 쿠폰, 멤버십, 포인트 제도보다 정서적 연결이 중요
- '이곳은 나를 기억해 준다'는 느낌 제공
- 구매 이력이나 선호를 반영한 맞춤 메시지 전달
- 자주 오는 고객을 위한 작은 이벤트 마련
- 후기와 문의에 대한 성의 있는 응답으로 신뢰 구축

### 입소문 마케팅 활성화
- 충성 고객은 광고비 없는 자발적 마케터
- 입소문(바이럴) 마케팅은 소비자 자발적 메시지 전달 유도
- 고객 경험이 뛰어날 때 자연스러운 입소문 발생
- 공유하고 싶은 특별한 요소 제공하기
- 인증샷이 나올만한 포토존이나 특별한 패키지 디자인
- 고객 리뷰와 추천을 장려하는 프로그램 운영
- 소셜 미디어에서 고객 콘텐츠 리포스팅
- 진정성 있는 고객 관계가 최고의 마케팅 전략

### 초기 운영의 중요성
- 오픈 첫 주, 첫 달은 사업의 체질을 결정하는 시험 기간
- 실제 사람들의 행동과 반응이 시나리오를 시험
- 데이터를 세밀하게 보고 빠르게 조정하는 것이 핵심

### 관찰과 기록
- 매출 집계를 넘어 패턴 분석이 중요
- 요일/시간대별 고객 흐름, 인기 상품 파악
- 테이블 회전율, 포장 주문 비율 등 세부 지표 관찰

### 고객 피드백 활용
- 오픈 초기 고객 피드백은 날것의 상태로 유입
- 방어적 반응보다 경청하는 태도가 중요
- 피드백을 준 고객은 소중한 첫 팬이자 조력자

이 숫자들은 단순한 집계가 아니라, 고객이 실제로 어떻게 행동하는지를 보여주는 '현장의 언어'다.

고객의 말 역시 소중한 데이터다. 오픈 초기에는 고객 피드백이 특히 날 것의 상태로 들어온다. 메뉴가 너무 많아 고르기 어렵다는 이야기, 설명이 부족해 잘 모르겠다는 의견, 가격대에 대한 솔직한 반응, 인테리어나 동선, 서비스 태도에 대한 인상 등은 창업자가 미처 보지 못한 사각지대를 드러내 준다. 이

때 중요한 것은 방어적으로 반응하지 않는 태도다. "우리 의도는 그게 아닌데요"라고 설명하는 순간, 배울 기회를 놓친다. 피드백은 정답이 아닐 수 있지만, 적어도 고객이 '그렇게 느끼고 있다'는 사실만큼은 부정할 수 없다. 느낀 대로 말해 준 고객은 이미 소중한 첫 팬이자, 사업을 함께 다듬어 줄 조력자에 가깝다.

이렇게 모인 데이터와 피드백을 바탕으로, 초기 운영 단계에서는 과감한 조정이 필요하다. 잘 팔리지 않는 메뉴는 정리하고, 의외로 반응이 좋은 상품은 더 강조하고, 복잡한 프로세스는 단순화할 수 있다. 영업시간을 미세하게 조정하거나, 서비스 동선을 바꾸거나, 웹사이트 구조를 손보는 것도 모두 초기 운영에서 이뤄질 수 있는 중요한 수정이다. 많은 창업자가 "조금만 더 기다려 보자"는 생각으로 문제를 방치하다가, 고객의 첫인상이 굳어지고 나서야 뒤늦게 후회한다. 오픈 직후는 고객 기대치가 상대적으로 유연하고, 변화에 대한 내부 저항도 적은 시기다. 이때일수록 '완성된 상태를 유지하겠다'가 아니라 '더 나은 상태를 찾아가겠다'는 마음으로 자주, 작게, 빠르게 바꾸는 것이 유리하다.

그러나 초기 조정만으로 사업이 끝까지 버티는 것은 아니다. 시장과 기술, 고객의 취향은 계속 변한다. 창업 후에도 학습이 끝나지 않는 이유다. 한 번 배우고 끝내는 지식이 아니라, 계속 업데이트해야 하는 감각이 필요하다. 새로운 마케팅 채널, 결제 방식, 물류·배송 기술, 고객 서비스 도구 등은 몇 년만 지나도 완전히 판이 바뀔 수 있다. 경쟁사 역시 가만히 있지 않는다. 기존 강자들은 제품을 개선하고, 가격 전략을 바꾸고, 새로운 브랜드를 론칭한다. 그 사이사이로 새로운 플레이어가 등장해 시장의 룰을 다시 쓰기도 한다.

이러한 환경에서 살아남으려면, 사업자는 스스로를 '운영자'가 아니라 '학습하는 사람'으로 정의해야 한다. 업계 리포트나 기사, 트렌드 리포트를 꾸준히 읽고, 관련 세미나나 강연, 온라인 강의를 통해 새로운 인사이트를 흡수하는 습관이 필요하다. 경쟁사의 움직임을 단순히 부러움이나 경계의 눈초리로만 보는 것이 아니라, "이 팀은 왜 이런 선택을 했을까?", "이 변화는 우리 고객에게 어떤 의미가 있을까?"라는 질문으로 해석해 보는 태도도 중요하다. 내부 데이터 역시 지속적인 학습 자원이다. 월별·분기별 데이터를 비교해 패턴을 찾고, 시도했던 캠페인이나 프로모션의 효과를 검증하며, 조금씩 '우리 사업만의 플레이북'을 쌓아 가야 한다.

사업이 어느 정도 안정되었다고 느껴지는 시점이 오면, 자연스럽게 다음 질문이 떠오른다. "이제 어떻게 더 키울 것인가?" 이것이 바로 확장 전략의 영역이다. 그러나 안정과 확장의 경계는 생각보다 모호하다. 단지 몇 달 연속 적자가 나지 않았다고 해서, 바로 확장 버튼을 눌러도 된다는 뜻은 아니다. 확장을 고민할 때 먼저 점검해야 할 것은 '현재 모델이 반복 가능하고, 어느 정도 예측 가능한 패턴을 보여주고 있는가'다. 즉, 특정 마케팅 활동을 했을 때 어느 정도의 고객이 유입되고, 그중 어느 정도가 재방문하거나 재구매를 하는지, 비용 대비 이익 구조가 유지되는지에 대한 데이터가 필요하다. 이 기반 없이 확장부터 하면, 순이 찬 상태에서 달리기를 시작하는 셈이 된다.

확장의 방식은 다양하다. 하나는 새로운 시장으로의 진출이다. 기존에 한 지역, 한 타겟층을 중심으로 사업을 해 왔다면, 인접한 지역이나 연령대, 유사한 니즈를 가진 다른 세그먼트로 확대해 볼 수 있다. 또 다른 방식은 제품·서비스 라인을 넓히는 것이다. 핵심 제품이 충분한 인지도를 확보했다면, 그 주변에서 자연스럽게 연관 소비가 일어날 수 있는 상품을 추가해 '묶음 가치'를 높일 수 있다. 프랜차이즈나 가맹점 확대처럼 물리적인 네트워크를 키우는 전략 역시 있을 수 있다. 다만 이 경우에는 브랜드 관리, 품질 통제, 교육 시스템 등 훨씬 복잡한 과제가 따라온다.

확장을 결심하기 전에 스스로에게 물어야 할 질문이 있다. "지금의 성공이 운이 아니라, 구조에서 나온 것이라는 근거가 있는가?", "규모가 두 배, 세 배로 커졌을 때도 지금의 품질과 경험을 유지할 수 있는 시스템이 준비되어 있는가?" 초기에는 창업자의 열정과 손발이 많은 부분을 커버한다. 하지만 매장 수가 늘어나거나 고객 수가 급증하면, 개인의 힘만으로는 감당이 불가능해진다. 이때 시스템이 없다면, 확장은 곧 '성과의 희석'으로 이어진다. 확장 전략은 단순히 영토를 넓히는 계획이 아니라, '내가 지키고 싶은 본질을 어떻게 더 넓은 범위에서 일관되게 제공할 것인가'에 대한 고민이다.

결국 사업의 여정은 세 단계가 끊임없이 반복되는 과정이라 할 수 있다. 오픈 직후에는 관찰과 조정으로 체질을 만들고, 그다음에는 지속적인 학습으로 경쟁력을 보완하며, 어느 지점에서는 확장 전략으로 성장의 다음 계단을 설계한다. 이 세 단계는 한 번만 거치고 끝나는 것이 아니라, 규모와 상황에 따라 계속해서 순환된다. 중요한 것은 어느 단계에 있든 "지금 우리는 무엇을 배우고 있고, 무엇을 바꾸고 있으며, 다음에는 어디로 가려 하는가"라는 질문을 놓지 않는 일이다. 창업은 '한 번 잘 시작하는 것'이 아니라, '수없이 배우고 고치면서도 끝까지 버티는 과정'이기 때문이다.

# 2장
# 창업의 생태계

## 2. 창업의 생태계

창업을 이야기할 때 사람들은 흔히 한 명의 뛰어난 창업자, 한 번의 대담한 도전을 떠올린다. 하지만 실제로 스타트업이 탄생하고 성장하며 다시 새로운 창업으로 이어지는 과정은, 결코 한 사람의 노력만으로 이루어지지 않는다. 보이지 않는 곳에서 투자자, 정부, 대학, 멘토, 액셀러레이터, 대기업, 지역사회가 서로 얽히고 맞물리며 하나의 거대한 환경을 이룬다. 이 환경을 가리켜 창업 생태계(entrepreneurial ecosystem)라고 부른다. 생물학에서 숲과 강, 토양과 동식물이 서로 영향을 주고받으며 균형을 이루듯, 창업도 다양한 주체들이 함께 움직일 때 비로소 '한 두번의 붐'을 넘어 지속적인 흐름을 만들어 낸다.

학문적으로 창업 생태계 개념은 2000년대 중반부터 본격적으로 정리되기 시작했다. 초기 논의에서는 지역 단위에서 창업을 촉진하는 여러 행위자들을 하나의 연결망으로 보려는 시도가 등장했다. 거기서 중요한 포인트는 두 가지다.

첫째, 창업 생태계는 단순히 '창업 기업이 많은 곳'을 의미하지 않는다. 둘째, 개별 지원 정책이나 프로그램의 집합도 아니다. 서로 독립적인 것처럼 보이는 행위자들이 실제로는 촘촘히 연결되어 있고, 이 연결 구조를 통해 창업의 탄생 – 성장 – 재도전이 반복된다는 관점이 핵심이다. 다시 말해, 생태계는 '숫자'가 아니라 '관계'의 개념에 가깝다.

해외 연구자들은 이 개념을 점차 정교하게 다듬어 왔다. 어떤 학자는 창업 생태계를 "특정 지역 안에서 기업가정신을 촉진하려는 독립적 행위자와 요소들의 조정된 집합"으로 설명한다. 여기에는 창업자, 투자자, 대학, 연구기관, 정부, 지방자치단체, 인큐베이터·액셀러레이터, 코워킹 스페이스, 심지어 언론과 커뮤니티까지 포함된다. 이들은 각자 역할은 다르지만, 공통적으로 '새로운 시도를 가능하게 만드는 환경'을 만든다는 점에서 하나의 시스템으로 묶인다. 어느 한 축만 강하다고 해서 좋은 생태계가 아니다. 투자만 많고 창업자는 부족하거나, 기술은 넘치는데 시장으로 나가는 통로가 막혀 있거나, 규제가 너무 빡빡해 실패 비용이 지나치게 큰 환경에서는 건강한 창업 생태계가 형성되기 어렵다.

한국에서도 2010년대 들어 정부와 학계가 본격적으로 '창업 생태계'라는 말을 쓰기 시작했다. 여러 부처가 공동으로 "창업자와 대학 등 창업 지원 기관, 투자자 등이 유기적으로 상호작용해 지속적으로 창업이 활성화되는 환경"을 창업 생태계로 정의한 바 있다. 여기서 강조되는 단어는 '유기적 상호작용'과 '지속적 활성화'다. 단기간에 지원금을 많이 풀어 스타트업 숫자를 늘리는 것은 비교적 쉬울 수 있다. 하지만 지원금이 끊기면 창업이 급격히 줄어드는 구조라면, 그것은 생태계라기보다 일시적인 캠페인에 가깝다. 반대로, 창업을 해 본 선배가 멘토로 돌아오고, 성공한 창업자가 엔젤투자자로 참여하며, 실패한 창업자에게도 재도전의 기회가 열려 있는 구조는 시간이 지날수록 더 튼튼해진다.

국내 연구에서는 창업 생태계를 조금 더 구체적으로 쪼개 설명하기도 한다.

창업자는 물론이고, 대학·멘토·인큐베이팅 기관 같은 '지원 인프라', 엔젤·벤처캐피털·투자은행처럼 자금을 공급하는 '투자자 그룹'이 서로 긴밀하게 연결될 때 비로소 선순환이 만들어진다고 본다. 예를 들어, 대학에서 기술과 인재가 나오고, 이를 토대로 창업팀이 만들어지며, 초기 엔젤투자와 정부 R&D 지원으로 실험을 해 본다. 여기서 성장한 기업이 벤처캐피털의 투자를 받아 본격적인 시장 확장을 시도하고, 어느 정도 규모가 커진 뒤에는 상장이나 인수·합병(M&A)으로 자금을 회수한다. 그리고 이 과정에서 생긴 자본과 경험이 다시 새로운 스타트업으로 흘러 들어가면, 그때부터 진짜 의미의 창업 생태계가 작동하기 시작한다.

창업 생태계의 진짜 핵심은 '선순환 구조'에 있다. 처음 창업이 촉진되고, 일부가 성장해 회수 단계에 이르고, 거기서 나온 자본과 역량이 다시 초기 창업으로 공급되는 구조가 만들어져야 한다. 이 선순환이 안정적으로 돌아가는 환경에서는 예비창업자가 실패에 대한 두려움 때문에 첫발을 못 떼는 일이 줄어든다. 실패하더라도 일정 수준의 사회 안전망과 재도전 기회, 경험을 인정하는 문화가 뒷받침되기 때문이다. 반대로, 한 번 실패하면 낙인이 찍히고, 회수·재투자 메커니즘이 약해 창업 성공 사례가 개인의 성공에만 머무는 환경에서는 창업 붐이 쉽게 꺼진다. 생태계가 아니라 '개인 플레이어'만 남는 구조다

이런 관점에서 보면, 창업 생태계를 키우는 정책과 전략은 단순히 지원금 규모를 늘리는 것에서 끝나지 않는다. 어느 지역에 어떤 창업 인프라가 부족한지, 예를 들어 멘토링과 네트워크가 약한지, 중간 단계 투자가 끊기는지, 회수 시장(IPO·M&A)이 미성숙한지 등을 진단해야 한다. 그리고 부족한 고리를 채우는 방식으로 정책과 민간의 노력이 설계될 때 비로소 생태계 전체의

탄력성이 높아진다. 마치 숲을 키울 때 특정 나무만 심는 것이 아니라, 토양, 물, 햇빛, 미생물, 곤충까지 함께 보살펴야 건강한 숲이 되는 것과 같다.

창업자 개인의 관점에서도 창업 생태계에 대한 이해는 중요하다. "나는 혼자 싸우는 것이 아니다"라는 인식이 필요하다. 어떤 지원 프로그램이 있는지, 어떤 액셀러레이터가 우리 단계에 맞는지, 어느 대학·연구기관·커뮤니티에서 도움을 받을 수 있는지, 로컬과 글로벌 투자 네트워크가 어떻게 연결되어 있는지 등을 파악하는 것은, 단지 '지원금 받기 위한 정보 수집'이 아니라, 생태계를 타고 성장하는 전략 그 자체. 성공한 창업자가 다시 멘토·투자자로 돌아와 후배를 돕는 순간, 한 사람의 커리어는 생태계의 자산으로 전환된다. 결국 건강한 창업 생태계란, 개인의 도전이 개인에만 머물지 않고, 다음 세대의 도전으로 이어지는 다리들이 촘촘히 놓여 있는 환경이라고 할 수 있다.

창업은 한 개인의 결단에서 시작되지만, 결코 한 개인의 힘만으로 지속되지는 않는다. 창업자가 아무리 뛰어나도 그를 둘러싼 환경이 받쳐주지 않으면, 좋은 아이디어는 쉽게 소진되고 사라진다. 그래서 오늘날 창업을 이야기할 때는 반드시 '창업 생태계'라는 렌즈를 함께 사용해야 한다. 창업 생태계는 창업자, 투자자, 정부, 대학, 기업, 멘토, 액셀러레이터 등이 서로 연결되어 하나의 유기적 시스템을 이루는 구조를 의미한다. 숲이 단 한 종류의 나무만으로 유지되지 않듯, 창업도 다양한 이해관계자가 제 역할을 할 때 비로소 건강하게 돌아간다.

## 2.1 이해관계자

**– 창업자 : 생태계의 씨앗**

가장 앞에 서 있는 존재는 역시 창업자다. 창업자는 새로운 아이디어와 기업가정신을 가지고 위험을 감수하며 사업을 시작하는 주체다. 이들이 없다면 그 어떤 정책, 자금, 지원도 의미를 갖기 어렵다. 하지만 창업자는 단지 '아이디어 내는 사람'이 아니라, 생태계 전체를 연결하는 촉매 역할도 한다. 투자자와 만나고, 정부 지원사업에 참여하며, 대학·연구기관과 협업하고, 멘토와 소통하고, 액셀러레이터를 통해 동료 창업자들과 네트워크를 형성하는 과정에서 하나의 '허브'가 된다. 다시 말해, 창업자는 생태계의 소비자가 아니라, 생태계의 중심에서 끊임없이 상호작용을 만들어내는 생산자에 가깝다.

창업자가 건강하게 활동할 수 있으려면, 실패를 두려워하지 않게 하는 제도와 문화, 그리고 다시 일어설 수 있는 기회가 뒷받침되어야 한다. 그렇지 않으면, 처음 한두 번의 실패만으로도 생태계에서 조용히 퇴장하는 인재들이 늘어난다. 결국 생태계의 중심인 창업자를 어떻게 보호하고, 어떻게 다시 도전하도록 격려하느냐가 전체 시스템의 활력을 좌우한다.

– 정부 : 규칙을 만들고 판을 까는 조정자

정부는 창업 생태계에서 규칙을 만드는 설계자이자, 때로는 모험을 촉진하는 후원자 역할을 맡는다. 세제 혜택, 규제 완화, 보조금·지원금, 기술 개발 지원, 공공조달, 창업-성장-회수-재도전이 이어지는 구조를 만들기 위한 제도 설계 등이 모두 정부의 역할 안에 포함된다. 특히 한국처럼 정부의 정책 방향이 시장 전반에 큰 영향을 미치는 나라에서, 정부가 어떤 비전을 가지고 창업을 얘기하는 가는 생태계의 성격을 크게 좌우한다.

그러나 정부가 할 수 있는 일과 해서는 안 되는 일을 구분하는 것도 중요하다. 정부가 직접 '사업의 주체'가 되기보다는, 민간이 창의적으로 시도할 수 있도록 규칙을 정비하고, 초기 리스크를 줄여주고, 실패에 대한 사회적 비용을 완화하는 역할에 집중할 때 생태계는 더 건강해진다. 정부가 모든 것을 주도하려 하면 창업은 '정책 사업'으로 변질되고, 자발성과 다양성이 떨어지기 쉽다.

– 대학 : 인재와 아이디어의 공급지

대학은 인재와 지식을 공급하는 창업 생태계의 '모판'이다. 연구를 통해 새로운 기술을 만들어 내고, 교육을 통해 잠재 창업가를 길러내며, 창업 동아리·캡스톤디자인·스타트업 지원센터 등을 통해 실제 사업으로 이어지는 다리를 놓는다. 특정 지역의 창업 활성화는 그 지역 대학의 역할과 무관하지 않은 경우가 많다. 대학이 적극적으로 창업 교육과 지원을 제공하면, 캠퍼스 안에서부터 창업 문화가 형성되고, 이들이 졸업 이후에도 계속 생태계 안에서 활동하게 된다.

또한 대학은 지식과 기술 뿐 아니라, 멘토·교수·동문 네트워크를 통해 창업자에게 다양한 자원을 연결해 줄 수 있다. 산학협력단, 기술지주회사, 기술이전 프로그램 등도 모두 창업 생태계의 일부로 작동한다. 결국 대학이 '취업 준비 기관'에 머무르느냐, '창업과 혁신의 거점'으로 기능하느냐에 따라, 한 지역의 창업 생태계 수준은 크게 달라질 수 있다.

### – 기업 : 시장과 자원의 연결자

기존 기업 역시 중요한 이해관계자다. 특히 대기업·중견기업은 스타트업의 고객이자 파트너, 때로는 인수 기업이 되기도 한다. 오픈 이노베이션, CVC(기업형 벤처캐피털), 공동 연구·개발, 테스트베드 제공, 초기 레퍼런스 고객 역할 등은 모두 기업이 창업 생태계에 기여할 수 있는 방식들이다. 스타트업이 새로운 기술과 아이디어를 제공하고, 기존 기업이 시장 접근성과 자원을 제공하면서 서로의 부족한 부분을 채워줄 수 있다.

만약 생태계 안에 '수요를 제공할 기업'이 없다면, 스타트업은 늘 새로운 고객을 찾아 멀리 떠나야 한다. 반대로, 기업이 내부 혁신의 한계를 느끼면서 스타트업과의 협업을 적극적으로 모색하면, 생태계 전체의 혁신 속도는 빨라진다. 중요한 것은 기업이 스타트업을 단순한 하청업체로 보지 않고, 상호 보완적 파트너로 인정하는 태도다.

### – 투자자 : 자금과 판단을 제공하는 촉매

투자자는 창업 생태계의 자금 공급자이자, 사업성을 평가하는 필터 역할을 한다. 엔젤투자자는 초기 아이디어 단계의 창업자에게 자금과 초기 신뢰를 주는 존재이며, 벤처캐피탈(VC)은 성장 단계에서 규모를 키울 수 있도록 보다 큰 자금을 제공한다. 투자은행과 후속 투자자는 회수 단계에서 자본 시장과 연결하는 역할을 맡는다. 자금의 흐름이 원활하게 이어져야, 창업-성장-회수-재투자/재도전의 선순환이 가능하다.

투자자는 돈만 주는 존재가 아니다. 그들은 시장에 대한 이해, 사업 모델에 대한 인사이트, 네트워크, 후속 투자 연계, IPO·M&A 전략 등 다양한 비금전적 가치를 함께 제공한다. 동시에 투자자의 존재 자체가 '신호 효과'를 만들어, 다른 이해관계자들에게 "이 팀은 어느 정도 검증되었다"는 메시지를 주기도 한다. 반대로, 특정 단계(특히 시드 – 프리A 사이, 또는 성장 이후 후속 투자 구간)에 자금 단절이 발생하면, 많은 스타트업이 그 구간에서 도태되며 생태계 전체의 흐름이 약해진다.

**– 멘토 : 경험을 다음 세대로 전하는 안내자**

멘토는 직접 자금을 넣지 않더라도, 경험과 지식을 통해 창업자의 시행착오를 줄여 주는 조언자다. 특히 한 번 이상 창업과 실패, 혹은 성공을 경험한 선배 창업자의 역할이 중요하다. 그들이 겪었던 시행착오와 배운 교훈, 업계의 보이지 않는 룰, 사람과 사람 사이의 관계에서 생기는 문제 등은 책이나 강의로만은 전달되기 어렵다. 멘토링은 이런 '암묵지'를 후배 세대에게 전수하는 메커니즘이다.

건강한 생태계일수록 성공한 창업자가 다시 멘토와 엔젤투자자로 돌아와 생태계에 기여하는 문화가 자리 잡는다. 반대로 성공한 창업자가 생태계를 떠나거나, 자신의 경험을 공유하지 않고 '개인적 성취'에만 머물면, 다음 세대는 매번 처음부터 시행착오를 반복해야 한다. 멘토는 그래서 생태계의 '기억 장치'이자, 세대 간 브릿지 역할을 한다.

### – 액셀러레이터 : 초기 성장을 가속하는 엔진

액셀러레이터는 초기 스타트업의 성장을 가속화하기 위해 설계된 전문 기관이다. 일정 기간 동안 스타트업을 선발해 집중 멘토링, 교육, 네트워킹, 데모데이, 소액 투자 등을 제공하면서 사업 모델을 빠르게 다듬고 시장에 적합하도록 조정한다. 단순 사무실 공간 제공을 넘어, '성장 프로그램'을 제공한다는 점에서 인큐베이터와 구분된다.

액셀러레이터는 투자자, 멘토, 기업, 정부, 대학 등 다양한 이해관계자를 한 프로그램 안으로 연결하는 허브 역할을 한다. 이곳을 거친 스타트업은 일정 수준의 검증과 준비를 마친 팀으로 간주되기 때문에, 후속 투자나 파트너십을 얻는 데 유리해진다. 생태계 입장에서는 '스타트업 후보군'을 일정 수준 이상으로 끌어올리는 장치인 셈이다.

이처럼 창업자, 정부, 대학, 기업, 투자자, 멘토, 액셀러레이터가 각자의 위치에서 역할을 수행하고, 서로 긴밀히 연결될 때 미보소 창업 생태계는 살아 있는 구조가 된다.

## 2.2 여섯 가지 구성 요소

창업 교육으로 유명한 미국 밥슨(Babson) 대학은 창업 생태계를 이해하기 위한 여섯 가지 축을 제시했다. 그것이 바로 정책(Policy), 자금(Finance), 문화(Culture), 지원(Support), 인적자원(Human Capital), 시장(Market)이다. 각각을 살펴보면, 생태계가 왜 '부분 최적화'가 아니라 '전체 설계'의 문제인지 더 잘 이해할 수 있다.

**- 정책(Policy) : 룰과 인프라를 정하는 토대**

정책은 창업 생태계의 기초를 이루는 요소다. 세제 혜택, 규제 완화, 창업·R&D 지원, 파산제도, 재도전 지원, 회수·재투자 제도 등은 모두 창업 활동의 리스크와 보상을 결정한다. 정부가 창업-성장-회수-재투자/재도전의 선순환을 만들겠다는 방향을 분명히 하고, 이에 맞는 정책 방안을 마련하면 생태계 참여자들은 '판이 열렸다'는 신호를 받는다.

정책이 중요한 이유는, 그것이 '가능한 것과 불가능한 것의 경계'를 정의하기 때문이다. 예를 들어, 규제가 지나치게 엄격해 새로운 비즈니스 모델의 실험 자체가 불가능하다면, 창업자는 애초에 그 영역을 시도할 엄두를 못 낸다. 반대로, 규제 샌드박스나 시범 사업 같은 장치를 통해 일정 범위 안에서 실험을 허용하면, 새로운 모델이 등장할 여지가 생긴다. 또한 파산 이후 재기할 수 있는 제도적 장치가 잘 되어 있으면, 창업자는 실패를 '인생 종결'이 아닌 '다음 도전을 위한 과정'으로 받아들일 수 있다.

## - 자금(Finance) : 아이디어에 숨을 불어넣는 혈류

창업 생태계에서 자금은 혈액과 같다. 아무리 뛰어난 아이디어와 인재가 있어도, 이를 실행할 자금이 없다면 사업은 탄생하기 어렵다. 초기 단계의 엔젤 투자자, 시드·시리즈 A 이후를 담당하는 벤처캐피탈, 성장 이후의 투자은행과 자본 시장이 이 역할을 맡는다. 이들이 끊김 없이 이어져 있어야, 스타트업이 성장 단계마다 필요한 연료를 공급받을 수 있다.

자금의 흐름이 막히면 생태계 전체가 경직된다. 예를 들어, 초기 자금은 많지만 중간 단계 투자가 부족하면, 많은 스타트업이 일정 수준까지 성장한 뒤 '죽음의 계곡'에서 멈춰 선다. 반대로, 회수 시장이 미성숙해서 투자자들이 투자금을 회수하기 어렵다면, 초기·중기 투자를 할 유인이 약해진다. 결국 자금은 단지 '얼마나 많이 공급되느냐'보다, '어떤 단계에서, 어떤 구조로, 어떻게 회수와 재투자로 이어지느냐'가 중요하다.

## - 문화(Culture) : 도전과 실패를 둘러싼 분위기

정책과 자금만으로는 창업 붐을 오래 유지하기 어렵다. 문화가 받쳐주지 않으면, 제도가 있어도 사람이 움직이지 않는다. 창업 생태계의 문화란, 기업가 정신을 존중하고 도전을 격려하며 실패를 학습의 일부로 받아들이는 사회적 분위기를 의미한다. "한 번 망하면 끝"이라는 인식이 강한 사회에서는, 아무리 좋은 아이디어를 가진 사람도 안전한 길을 택하기 쉽다.

문화는 눈에 잘 보이지 않지만, 창업 의사결정에 큰 영향을 준다. 부모와 주변 사람들의 태도, 언론이 창업과 실패를 다루는 방식, 학교 교육에서 실패를 어떻게 이야기하는지, 직장 안에서 새로운 시도를 장려하는지 여부 등이 모두 문화의 일부다. 창업가를 '무모한 도전가'가 아니라 '사회적 가치를 만들어내는 주체'로 바라보고, 실패를 '낙인'이 아니라 '경험'으로 인정하는 문화가 자리 잡을수록, 창업 생태계는 더 다양한 인재를 빨아들일 수 있다.

## – 지원(Support) : 혼자 하기 어려운 부분을 채워주는 손길

지원은 창업 과정 곳곳에서 필요한 실질적 도움을 의미한다. 사업 계획 수립 단계의 컨설팅, 법률·세무·특허 지원, 코워킹 스페이스와 장비 제공, 인큐베이팅 프로그램, 액셀러레이션, 멘토링, 네트워킹 기회 등이 모두 여기에 포함된다. 특히 처음 창업을 경험하는 예비 창업자는 '무엇을 모르는지조차 모르는' 경우가 많기 때문에, 적절한 시점에 적절한 지원을 받는 것이 매우 중요하다.

좋은 지원체계는 단순한 복지가 아니라, 효율적인 학습 시스템이다. 같은 실수를 열 번 반복하지 않도록 도와주고, 이미 검증된 노하우를 바탕으로 창업자가 보다 본질적인 문제에 에너지를 쓸 수 있게 해 준다. 반대로, 지원이 분절적이고 파편화되어 있으면, 창업자는 각종 프로그램을 전전하며 '지원금 사냥'을 하느라 정작 사업에 집중하지 못하는 상황에 빠지기도 한다. 지원은 많다고 좋은 것이 아니라, 연결되고 설계되어 있을 때 의미가 있다.

- 인적자원(Human Capital) : 사람의 질과 양

아무리 좋은 정책과 자금, 지원이 있어도, 결국 일을 실행하는 것은 사람이다. 인적자원은 창업 생태계에서 가장 중요한 자산이다. 대학에서 배출되는 졸업생, 연구기관·기업에서 경험을 쌓은 전문가, 개발자·디자이너·기획자·마케터 등 다양한 인재가 창업에 뛰어들 수 있는 환경이 마련되어야 한다. 이들이 창업팀을 이루거나, 초기 멤버로 합류하거나, 나아가 직장인이면서도 사이드 프로젝트나 사내벤처 형태로 도전을 이어갈 수 있어야 생태계의 역동성이 유지된다.

또한 인적자원은 단지 '기술 역량'만이 아니라 '기업가정신 교육'과도 연결된다. 학교와 사회에서 책임감, 문제 해결 능력, 협업, 리더십, 위험 감수, 윤리의식 등을 함께 길러야 한다. 창업은 단순 기술 구현이 아니라, 사람과 시장, 규제와 자본, 조직과 문화를 동시에 다루는 종합 예술에 가깝기 때문이다. 다양한 배경을 가진 인재들이 생태계 안에서 섞일수록, 더 창의적인 팀과 모델이 등장할 가능성이 높아진다.

- 시장(Market) : 결국 '사줄 사람'이 있어야 한다

마지막으로, 아무리 조건이 좋아도 시장이 없다면 창업 생태계는 공회전할 수밖에 없다. 시장은 스타트업의 제품·서비스를 구매하고 사용하는 고객, 그리고 그 고객이 존재하는 구체적인 산업과 수요 구조를 의미한다. 정부·기업·개인이 모두 중요한 구매자일 수 있다. 특히 공공과 대기업이 스타트업의 초기 레퍼런스 고객이 되어 준다면, 그 자체가 강력한 성장 사다리가 된다.

시장 요소는 '규모'와 '열림 정도' 두 가지 측면에서 볼 수 있다. 특정 영역의 시장 규모가 충분히 크고 성장성이 있다면, 여러 스타트업이 도전해도 그 안에서 다양한 플레이어가 공존할 수 있다. 그러나 시장이 크더라도 진입 장벽이 지나치게 높거나, 기존 강자가 독점적 지위를 이용해 새 플레이어의 진입을 막는다면, 생태계 입장에서는 건강한 환경이 아니다. 반대로, 새로운 수요가 빠르게 생겨나는 영역에서는 작은 아이디어라도 빠르게 성장할 기회를 얻을 수 있다. 시장은 결국 '기회가 얼마나 열려 있는가'를 보여주는 거울이다.

결국 창업 생태계는 사람 몇 명이 모여 만든 유행이 아니라, 다양한 이해관계자와 구성 요소들이 오랜 시간에 걸쳐 얽히며 만들어지는 구조다. 창업자, 정부, 대학, 기업, 투자자, 멘토, 액셀러레이터가 서로의 역할을 인식하고, 정책·자금·문화·지원·인적자원·시장이 균형 있게 설계될 때 비로소 "창업-성장-회수-재투자/재도전"의 선순환이 작동한다.

중요한 것은 어느 한 부분만 강조하는 것이 아니라, 전체 그림 속에서 각자의 위치를 이해하고 움직이는 일이다. 그런 의미에서 창업 생태계에 대한 이해는 정책 담당자와 연구자뿐 아니라, 실제로 창업을 준비하는 모든 사람에게 필수적인 기본 언어라고 할 수 있다.

 창업 생태계를 이해하는 일은 더 이상 학문적인 이론 정리로만 그치지 않는다. 각국 정부와 도시, 대학, 기업, 투자자들이 모두 "어떻게 하면 우리 지역을 다음 실리콘밸리처럼 만들 수 있을까"를 고민하는 시대이기 때문이다. 그런데 막상 창업 생태계를 깊이 들여다보면, 단순히 "스타트업이 많다"거나 "투자금이 크다"는 식의 숫자로 설명할 수 없는 복잡한 구조가 나타난다. 이 구조를 이해하는 데 중요한 실마리가 바로 두 가지 접근 방식, 그리고 창

업 생태계·벤처 생태계의 구분과 관점 전환, 나아가 각 지역에 맞는 생태계를
만들어 가야 한다는 과제들이다.

## 2.3 두 가지 시선

창업 생태계를 연구한 학자들은 이 개념을 이해하는 데에 크게 두 가지 서로 다른, 그러나 보완적인 시선이 존재한다고 정리한다. 하나는 '전략적 접근'이고, 다른 하나는 '지역 발전 접근'이다. 둘 다 같은 생태계를 바라보지만, 포커스와 해상도가 다르다.

**– 전략적 접근 : 기업과 가치창출의 관점**

전략적 접근은 창업 생태계를 일종의 비즈니스 생태계로 바라본다. 여기에서 중심은 '기업'이고, 질문은 "어떻게 서로 다른 주체들이 연결되어 가치를 만들어내는가"이다. 즉, 한 기업이 가진 내부 역량과 외부 파트너, 보완재 역할을 하는 다른 기업과의 관계, 그리고 이들이 함께 만들어내는 가치 사슬 (value chain)이 분석의 핵심이 된다.

이 관점에서는 다음과 같은 것들이 중요해진다.

• 기업 내부의 조직 역량 : 창업팀의 능력, 조직문화, 혁신 능력, 리더십, 실행력
• 기업가정신 : 위험을 감수하고 새로운 기회를 포착하는 태도와 능력
• 경영 전략 : 어떤 시장을 목표로 할지, 어떤 비즈니스 모델로 수익을 낼지, 어떤 파트너와 협력할지에 대한 선택

예를 들어, 한 스타트업이 플랫폼을 만들었다고 하자. 전략적 접근은 이 회사가 어떻게 개발사, 콘텐츠 제작자, 유통·결제 파트너와 함께 하나의 생태계를 만들고 있는지를 분석한다. 단순히 "이 지역에 스타트업이 몇 개 있다"가 아니라, "이 스타트업이 어떤 네트워크 위에서 어떤 방식으로 가치를 창출하고, 그 과정에서 다른 기업과 어떻게 의존·보완 관계를 맺고 있는가"에 초점을 맞춘다.

이 시선은 경영학, 특히 전략·조직·기업가정신 연구와 맞닿아 있다. 창업 생태계를 "외부 환경"으로 보는 것이 아니라, "전략적 선택과 네트워크의 결과물"로 이해할 때, 개별 기업의 전략과 생태계의 구조를 함께 설계할 수 있게 된다. 즉, 창업자는 "좋은 환경이 오기를 기다리는 사람"이 아니라, "환경을 활용해 새로운 조합을 만들어 내는 행위자"로 위치 지워진다.

**– 지역 발전 접근 : 지역과 클러스터의 관점**

반면 지역 발전 접근은 "왜 어떤 지역은 창업이 활발하고, 어떤 지역은 그렇지 않은가"라는 질문에서 출발한다. 여기에서 중심은 개별 기업이 아니라 지역·도시·국가다. 실리콘밸리, 텔아비브, 베를린, 판교테크노밸리, 서울 강남처럼 특정 지역에 스타트업과 투자자, 대학, 대기업, 지원기관이 밀집해 있는 현상을 설명하고자 한다.

이 접근에서는 다음과 같은 요소들이 중요하게 다뤄진다.
- 지역의 산업 구조와 역사 : 어떤 산업이 발달해 왔는지, 어떤 기업과 연구 기관이 축적되어 있는지
- 문화와 네트워크 : 지역에서 실패를 바라보는 시각, 협업과 공유 문화, 비공

식 네트워크

● 물리적·제도적 인프라 : 교통, 생활 환경, 규제, 세제, 클러스터 정책, 창업 지원 시설

예를 들어, 실리콘밸리를 연구할 때 전략적 접근은 개별 기업 간의 협력과 경쟁, 기술·인재 흐름을 볼 것이고, 지역 발전 접근은 왜 이 지역에 그렇게 많은 인재와 자본이 모였는지, 스탠퍼드 같은 대학과 국방 연구, IT 기업의 축적이 어떤 역사를 통해 만들어졌는지를 살펴본다. 서울 강남·판교 사례 역시 단순히 "사무실이 많아서"가 아니라, 정책, 교통, 주거, 교육, 문화, 대기업 본사와 연구소 위치 등이 복합적으로 작용해 형성된 결과로 이해된다.

실제 연구와 정책 현장에서는 이 두 관점을 섞어 쓰는 경우가 많다. 한편으로는 기업과 기업 사이의 전략적 관계를 분석하고, 다른 한편으로는 지역·국가 단위의 제도와 역사, 문화적 요인을 함께 고려하는 방식이다. 연구자마다 어느 쪽에 더 무게를 두느냐가 다를 뿐, "기업-전략의 시각"과 "지역-발전의 시각"을 동시에 봐야 전체 그림이 잡힌다는 점에는 대체로 동의한다.

## 2.4 창업 생태계와 벤처 생태계 : 왜 구분이 필요한가?

창업 생태계를 이야기할 때 종종 혼용되는 개념이 벤처 생태계다. 얼핏 보면 비슷해 보이지만, 두 개념에는 중요한 차이가 있다.

- 벤처 생태계 : 벤처기업을 중심으로 투자자와 정부가 상호작용하는 관계
- 창업 생태계 : 창업기업 전반을 중심으로 투자자와 정부, 지원주체들이 상호작용하는 관계

벤처기업은 대개 기술 기반·고성장 가능성을 가진 특정 유형의 기업을 의미한다. 반면 창업기업은 기술 스타트업뿐 아니라, 소상공인, 생활 서비스, 콘텐츠, 교육, 사회적 기업 등 훨씬 폭넓은 형태를 포괄한다. 다시 말해, 창업 생태계가 벤처 생태계보다 훨씬 넓은 그릇이다.

이 구분이 중요한 이유는 두 가지다

첫째, 정책과 지원의 대상이 달라진다. 벤처 생태계에 초점을 맞추면 자연스럽게 기술 집약적 기업, 고성장·수출·IPO를 향한 스타트업에 중심이 쏠린다. 반면 창업 생태계를 기준으로 보면 동네 가게, 프리랜서·1인 기업, 로컬 브랜드, 사회적 가치 중심 스타트업 등도 모두 중요한 구성원이다. 이들 역시 고용을 만들고, 지역 경제를 지탱하며, 다양성과 혁신을 공급한다.

둘째, 선순환 구조의 모습도 달라진다. 벤처 생태계는 주로 "기술 스타트업 → VC 투자 → IPO/M&A → 회수·재투자"의 흐름에 초점을 둔다. 창업 생태계는 여기에 더해 "생활·서비스·로컬 창업 → 소규모 성장·안정적 존속 → 지역 내 재투자·일자리·문화 형성"까지 함께 포괄한다. 즉, 모든 창업이 유니콘을 목표로 할 필요는 없고, 그렇다고 의미가 줄어드는 것도 아니라는 관점을 갖게 된다.

"기술 기반으로 창업한 회사를 스타트업이라고 부를 수 있다"는 설명은, 바로 이 포괄성과 특수성의 관계를 잘 보여준다. 스타트업과 벤처기업은 창업 생태계라는 큰 숲 안의 특정 나무들일 뿐, 숲 전체를 대표하는 개념은 아니다. 그래서 정책을 설계할 때 "우리는 벤처를 키우려는 것인지, 창업 전반을 키우려는 것인지"를 분명히 구분해야 생태계의 균형이 무너지지 않는다.

# 2.5 관점 전환 : 누구의 눈으로 생태계를 볼 것인가

창업 생태계는 "창업하기 좋은 환경"이라는 한 문장으로 쉽게 요약되곤 한다. 그러나 조금만 들여다보면, 누구의 입장에서 보느냐에 따라 '좋은 환경'의 의미가 달라진다는 사실을 알 수 있다. 특히 기업가와 투자자의 관점 차이는 매우 크다.

**– 기업가의 관점 : 시도하고 성장할 수 있는 환경**

기업가의 눈에서 창업 생태계는 "내가 시도하고, 성장하고, 다시 도전할 수 있는 환경"이다. 구체적으로는 네 가지 질문으로 쪼갤 수 있다.

아이디어가 제품·서비스로 전환되기 쉬운가?
 기술 지원, 개발 인력, 시제품 제작, 시장 조사, 사업화 컨설팅, 법·세무·특허 지원 등 아이디어를 '실행 가능한 형태'로 만드는 인프라가 있는지의 문제다. 이런 기반이 없다면, 좋은 아이디어도 PPT와 머릿속에만 머물다가 사라진다.

초기 시장 진입과 성장의 발판이 있는가?
초기 고객을 만날 수 있는 테스트베드, 레퍼런스 고객, 공공·기업의 시범 도입, 마케팅·유통 채널 접근성 등이 중요하다. 기술은 좋지만 첫 고객을 못 만나 무너지는 팀이 많다. "처음 써볼 용기가 있는 고객"이 있는 환경이 창업자 입장에서는 무엇보다 소중하다.

자금을 확보하고, 회수할 수 있는 구조가 있는가?

시드·프리A·시리즈 A 이후까지 이어지는 자금 조달 경로, 은행·정책자금·투자·크라우드펀딩 등 다양한 선택지, 그리고 어느 지점에서 어떻게 exit(인수·합병·IPO 등)를 할 수 있는지에 대한 가능성이 관건이다. 회수 가능성이 없다면 대규모 자본이 들어오기 어렵고, 결국 성장이 제한된다.

실패 이후 다시 도전할 수 있는가?

파산·재기 제도, 실패한 창업자에 대한 사회적 시선, 재도전을 위한 금융·지원 프로그램, 실패 경험을 경력으로 인정해 주는 기업·대학·사회 분위기가 여기에 포함된다. 한 번 실패하면 "낙인"이 찍히는 환경에서는, 첫 시도 자체가 줄어들 수밖에 없다.

기업가 입장에서 "좋은 생태계"란, 이 네 가지 질문에 모두 어느 정도 '예'라고 답할 수 있는 곳이다. 즉, 시도할 수 있고, 성장할 수 있고, 회수·정리할 수 있고, 다시 시작할 수 있는 구조다.

**– 투자자의 관점 : 평가·투자·회수가 가능한 환경**

투자자의 눈에서 창업 생태계는 "좋은 팀을 발견하고, 합리적으로 평가해 투자하고, 적절한 시점에 회수할 수 있는 환경"이다. 이 역시 몇 가지 질문으로 정리할 수 있다.

**충분히 다양한 팀과 아이디어가 공급되는가?**

창업자가 많고, 다양한 분야에서 새로운 시도가 꾸준히 나오는 환경이어야 한다. 그래야 투자자는 포트폴리오를 구성할 수 있다.

**정보를 얻고 평가할 수 있는 인프라가 있는가?**……
공개된 데이터, 네트워크, 평판 시스템, 전문 심사역, 기술 평가 기관 등이 있어야 한다. 정보 비대칭이 지나치게 크면 투자 리스크가 급증한다.

**투자 이후 성장·후속 투자·회수 경로가 설계되어 있는가?**……
후속 투자자, 자본시장, M&A 시장, 전략적 투자자(SI) 등이 활성화되어 있어야 한다. 그래야 초기 투자자가 "이 지점에서 다음 단계로 넘길 수 있다"는 그림을 그릴 수 있다.

눈여겨볼 점은, 기업가와 투자자가 서로 다른 질문을 던지지만, 결국 필요한 조건들이 서로 맞물려 있다는 사실이다. 기업가가 "실험하기 좋은 환경"을 원할 때, 투자자는 "회수가 가능한 환경"을 원한다. 아이디어→제품·서비스→성장→회수→재투자·재도전으로 이어지는 선순환 구조가 작동해야, 두 관점이 동시에 충족된다.

이 선순환이 무너지는 지점이 어디인지 진단하는 것이, 한 나라나 도시의 창업 생태계 정책의 핵심 과제다. 예를 들이, 아이디어·초기 창업은 많은데 성장·회수 구간에서 막힌다면, 그 구간의 자본시장·규제·M&A 문화·대기업의 역할 등을 집중적으로 들여다봐야 한다.

## 2.6 과제 : 왜 '복붙'으로는 안 되는가

이상적으로 창업 생태계는 자생적으로 형성되는 것이 가장 좋다. 지역의 역사·산업·문화·인구 구조 속에서 자연스럽게 기업가정신이 싹트고, 기업과 대학, 투자자가 오랜 시간에 걸쳐 축적되면서 하나의 클러스터가 된다면, 그 생태계는 매우 탄탄한 뿌리를 가진다. 그러나 현실에서 이런 자생적 형성을 그냥 기다리기에는, 국가와 지역의 경쟁이 너무 치열하다. 그래서 많은 정부가 적극적으로 "창업 생태계를 만들겠다"며 정책을 쏟아내고, 클러스터를 조성하고, 지원 기관을 세운다.

여기서 가장 큰 위험은 제도와 시스템의 '표면'을 모방하는 것이다. 실리콘밸리의 성공 요인을 분석해 "우리도 스타트업 캠퍼스, 액셀러레이터, 벤처펀드, 스톡옵션 제도를 만들면 되겠지"라고 생각하기 쉽다. 그러나 실리콘밸리는 1950년대 군수·전자 산업, 1960~70년대 반도체·컴퓨터 산업, 스탠퍼드·버클리 등 대학의 역할, 미국식 자본시장과 파산제도, 이민자의 문화, 히피 문화와 해커 문화까지 복합적으로 얽힌 결과다. 표면적인 제도만 옮겨 온다고 해서 같은 결과가 나올 수 없다.

한국에서도 비슷한 실험과 시행착오가 반복되어 왔다. 특정 지역에 대규모로 '테크노밸리'를 만들고, 창업 보육센터와 펀드를 세우는 것만으로는 충분하지 않았다. 그 안에 어떤 인재와 기업이 실제로 머무르고 싶은지, 대기업과 대학·연구소는 어떤 관계를 맺는지, 실패 경험이 다음 도전으로 이어지는지, 로컬 문화가 창업을 어떻게 받아들이는지 등을 함께 설계해야 했다. 즉, 창업 생태계는 건물과 예산의 문제가 아니라, 사람과 관계, 시간의 문제라는 점을 인정해야 한다.

독일처럼 연방 구조를 가진 나라의 사례는 또 다른 힌트를 제공한다. 독일은 특정 한 도시만 '혁신의 중심'으로 만드는 대신, 각 주(Länder)가 자체적인 창업·혁신 전략을 가지고 각기 다른 특성을 가진 생태계를 육성해 왔다. 어떤 지역은 제조·공학 기반, 어떤 지역은 문화·디자인 기반, 또 다른 지역은 금융·서비스 기반으로 특화되어 있다. 중앙정부가 큰 방향을 제시하되, 실제 세부 전략과 실행은 지역 단위에서 설계하는 방식이다.

이 방식의 장점은 세 가지다.

첫째, 지역 특성을 반영할 수 있다. 산업 구조, 인구, 교육 수준, 문화, 생활환경이 다른데도 모든 지역에 똑같은 '실리콘밸리 모델'을 씌우는 것은 비효율적이다.

둘째, 리스크를 분산할 수 있다. 한 곳에 모든 사원을 몰아줬다가 실패하면 국가 전체가 타격을 받을 수 있다. 여러 개의 생태계를 병렬적으로 육성하면, 다양한 실험을 하면서도 전체적으로는 안정성을 유지할 수 있다.

셋째, 다양한 성공 방식을 인정할 수 있다. 모든 지역이 유니콘·빅테크를 목표로 할 필요는 없다. 어떤 곳은 로컬·중소기업 중심, 다른 곳은 딥테크·연구 중심, 또 다른 곳은 문화·콘텐츠 중심 등으로 다양하게 발전할 수 있다.

즉, 창업 생태계를 조성하는 핵심 과제는 "누구처럼 될 것인가"가 아니라, "우리답게 어떻게 생태계를 키울 것인가"로 관점을 전환하는 데 있다. 실리콘밸리, 베를린, 텔아비브, 방갈로르, 선전의 사례는 참고 자료일 뿐, 그대로 복사해서 붙여넣을 수 있는 설계도가 아니다.

# 2.7 창업 / 폐업 추세

한국의 창업·폐업 흐름을 보면, "많이 열리고, 많이 사라지는" 과잉 경쟁과 구조 전환의 시대 한가운데에 서 있다는 사실이 드러난다. 표면적으로는 '창업 붐'이 계속되는 듯 보이지만, 그 이면에는 자영업 포화, 내수 침체, 고금리, 디지털 전환 등 복합적 요인이 켜켜이 쌓여 있다. 해외도 예외가 아니다. 미국·OECD 국가들 역시 팬데믹 이후 창업과 폐업이 동시에 크게 요동치는 양상을 보이고 있다.

**1) 숫자로 보는 국내 창업·폐업 흐름**

최근 몇 년간 국내 기업 생태를 보여주는 통계를 보면, 가장 눈에 띄는 것은 "신생기업 감소, 폐업 증가"라는 두 개의 선이 엇갈리고 있다는 점이다.
- 2024년 기준 신생기업 수는 약 92만 2천 개로 전년 대비 3.5% 감소하며, 2017년 이후 최저 수준을 기록했다.
- 신생기업 수는 4년 연속 감소 중이며, 특히 숙박·음식점업, 부동산업, 제조업에서 감소 폭이 컸다.
- 반면 2024년 한 해 폐업 신고 사업자는 100만 8,282명으로, 관련 통계 작성 이후 첫 100만 명 돌파를 기록했다.

코로나19 시기에는 각종 지원금과 대출 만기연장, 이자유예 덕분에 폐업 통계가 인위적으로 눌려 있었다. 2019년 92만 2천 명이던 폐업자는 3년 연속 감소해 2022년 86만 7천 명까지 줄었지만, 지원이 회수되기 시작한 2023년부터는 누적된 부진이 한꺼번에 터져 나오며 98만 6천 명으로 급증했고, 2024년에 결국 100만 명 선을 넘겼다. 2024년 폐업률은 9.04%로, 전년 9.02%에서 소폭 올랐다.

폐업의 사유는 "사업 부진" 비중이 50%를 넘어, 금융위기 직후인 2010년 이후 처음으로 절반을 돌파했다.
이 숫자들은 단지 경기 사이클 문제가 아니라, 자영업 구조와 내수 기반에 보다 근본적인 부담이 쌓이고 있음을 보여준다.

## 2) 자영업 생존율과 업종별 현실

한국 자영업의 생존율은 오래전부터 "3년 버티기"가 되어 왔다. 최근 통계는 이 인식이 여전히 유효함을 확인해 준다. 자영업자 3년 생존율은 2022년 54.5%에서 2023년 53.6%로 하락했다. 1년 생존율도 2022년 79.8%에서 2023년 78.0%, 2024년 77.0%로 내려가며, "1년 안에 문 닫는 비율"이 다시 늘어나는 추세다. 5년 차 폐업률은 66.2%로, OECD 평균(54.6%)을 크게 상회한다는 분석도 있다.

업종별로 보면, 폐업의 충격은 특정 영역에 더 집중된다.
- 폐업자의 거의 절반이 소매업과 음식점업에서 나오고 있으며, 외식·오프라인 소매·개인서비스업이 폐업의 직격탄을 맞고 있다.
- 카페, 커피음료점은 2023~2024년 기준 점포 수가 줄어들고 있고, 2023년 말 대비 2024년 9월 기준 약 1,700곳 이상이 감소했다는 보도도 있다.
- 치킨·피자·햄버거 등 패스트푸드점도 같은 기간 600여 개 이상 줄어들었다.

코로나 이후 "퇴사 후 카페 창업", "소자본 외식업"에 대한 관심이 한동안 이어졌지만, 시장 포화와 수요 부진, 임대료·인건비 상승, 배달 플랫폼 수수료 부담 등이 겹치면서 구조 조정 국면이 본격화한 것이다.

### 3) 코로나 시기의 '버틸 수 있었던' 몇 년

2020~2022년은 역설적인 시기였다. 매출은 떨어졌지만, 각종 버팀목 정책 덕분에 "문을 닫지 못한" 자영업자들이 많았다. 직접적인 현금 지원, 대출 상환 유예, 임대료 지원, 각종 세제 혜택이 폐업 통계를 일시적으로 눌러 놓았기 때문이다.

- 2020년 창업 대비 폐업률은 60.6%까지 내려가며, 통계상 최저 수준을 기록했다는 분석도 있다.
- 그러나 이는 경쟁이 줄어서가 아니라, 일시적 연명 효과에 가까웠고, 2023년 이후 지원이 회수되면서 누적 부진과 빚 부담이 한꺼번에 반영되기 시작했다.

즉, 코로나 기간은 "문 닫을 가게까지 버티게 만든 시간"이었고, 그 연장선이 끝난 지금은 자연 구조조정과 동시에 "정리되지 못한 구조가 쏟아져 나온 시기"로 보는 편이 더 정확하다.

### 4) 온라인·플랫폼으로의 구조 전환

동시에, 창업의 성격도 빠르게 바뀌고 있다.
- 2022~2024년 사이, 무점포 소매와 플랫폼 기반 1인 기업, 온라인 서비스 창업은 증가한 반면, 오프라인 외식·소매·개인서비스업 창업은 포화와 경쟁 심화로 위축되었다는 분석이 나온다.

- 2024년 신생기업 수 감소 폭을 업종별로 보면, 숙박·음식점업(-9.0%), 부동산업(-8.8%), 제조업(-7.6%)의 감소가 두드러지는 반면, 정보통신업 신생기업은 전년 대비 7.9% 증가해 2만7천 개를 기록했다.

이는 단순히 "오프라인에서 온라인으로"라는 수준을 넘어, 창업의 기본 단위가 점점 더 디지털·지식 기반으로 이동하고 있음을 의미한다.

국가 차원 지표를 봐도 비슷한 흐름이 관찰된다.

- 한국의 전체 창업률은 2007년 17.9%에서 2013년 13.9%까지 감소했다가, 한동안 회복세를 보였지만 2021년 이후 다시 감소해 2024년 12.1% 수준으로 떨어졌다.

- OECD 다수 국가에서도 2000년대 이후 신규 진입률이 하락하고, 비즈니스 다이내미즘(창업·폐업, 고용 창출·소멸의 역동성)이 전반적으로 약해지는 경향이 보고돼 있다.

요약하면, "많이 창업하고, 많이 폐업하는" 국내 구조는 여전히 유지되지만, 그 안에서 어떤 형태의 사업이 생기고 사라지는지는 빠르게 디지털화·플랫폼화되는 중이다.

## 2.8 해외 사례 : '창업 붐과 폐업 리스크'

### 1) 미국 : 사상 최고 수준의 창업 도전, 높아진 폐업률

미국은 코로나 이후 매우 흥미로운 데이터를 보여준다. 팬데믹이 시작된 2020년 이후, 각종 재난지원금·실업수당 확대·소규모 사업 창업 대출 등의 영향으로 "한 번 창업을 시도해 보는 사람들의 비율"이 크게 늘어났다.

● 글로벌 창업 모니터(GEM)에 따르면, 2018년 7월~2023년 1월 사이 미국 성인 가운데 최근 3년 6개월 동안 창업했거나 창업 중인 사람의 비율은 19%로, 1999년 조사 시작 이후 최고 수준을 기록했다.

● 2024년에는 신규 창업 신청 건수가 월 평균 43만 건 수준으로, 팬데믹 이전인 2019년보다 약 50% 많은 것으로 집계됐다.

하지만 이 "창업 도전의 붐"이 곧바로 안정적인 사업 체계로 이어지는 것은 아니다.

● 미국 노동통계청(BLS)에 따르면, 중소기업의 약 18%는 1년을 버티지 못하고 문을 닫고, 약 절반은 5년 이내에, 65%는 10년 차에 문을 닫는다.

● GEM 분석에 따르면 미국의 폐업률은 2019년 2.9%에서 2023년 5.2%로 크게 상승했다.

전문가들은 팬데믹 이후 등장한 많은 소규모 사업체들이 이제 고금리·인건비·임대료·물가 상승, 수요 변동성 증가라는 "새로운 시험대"에 올라섰다고 진단한다. 기존 소상공인은 상당수 탈락하고, 대신 플랫폼 기반·온라인 중심 비즈니스, 프리랜서·1인 기업이 대거 유입되는 구조적 전환이 진행 중이라는 분석도 있다.

## 2) OECD : 전반적인 '창업 역동성' 둔화

OECD는 지난 30여 년간의 데이터를 분석해, 많은 선진국에서 진입·퇴출률 자체가 전반적으로 낮아지는, 즉 "비즈니스 역동성의 둔화" 현상이 나타나고 있음을 지적한다.

- 캐나다, 포르투갈 등 여러 국가에서 업종별 진입률이 장기적으로 감소해 왔고, 이는 혁신과 고용 창출에 부정적 영향을 줄 수 있다는 연구 결과가 있다.
- 진입률이 20% 감소하면 장기적으로 약 0.7% 수준의 고용 감소 효과를 초래할 수 있다는 추정도 제시된다.

다만, 모든 국가가 똑같은 속도로 정체되는 것은 아니다. 교육 수준, 혁신 투자, 규제 정도, 대기업 중심 구조 등 다양한 요인이 나라별·산업별 차이를 낳는다.

OECD의 다른 분석 자료를 보면, 특히 마이크로 기업(초소규모 사업체)에서 진입·퇴출이 더 활발하고, 이들이 새 일자리의 상당 부분을 만들어 내지만, 동시에 경기 불황 시 가장 먼저 퇴출되는 취약성을 갖는다고 지적한다. 이는 한국 자영업 구조와도 맞물려, "새로 들어오는 이들도 많지만, 먼저 나가는 이들도 많은" 구조적 취약성을 설명해 준다.

# 2.9 사례 : '도전 장려'에서 '지속 가능 구조'로

국내외 사례를 함께 놓고 보면, 몇 가지 공통된 메시지가 보인다.

**1) 양적인 창업 붐만으로는 충분하지 않다.**

한국처럼 창업률 수준이 여전히 높은 편임에도, 5년 차 폐업률이 OECD 평균을 크게 웃도는 상황은 "도전은 많은데, 오래 버티는 구조가 약하다"는 현실을 보여준다. 미국 역시 창업 도전 비율은 사상 최고지만, 폐업률도 빠르게 올라가고 있다. 숫자상 '활발한 창업'이 꼭 건강한 생태계를 의미하지는 않는다.

**2) 오프라인 자영업 중심 구조는 더 이상 안전판이 아니다.**

한국에서 소매·음식점업, 오프라인 영세 서비스업 폐업이 집중석으로 발생하고 있고, 코로나 이후 누적 부진과 고금리가 결합하면서 구조 조정이 진행 중이다. 미국 역시 기존 소상공인의 대량 탈락과, 새로운 형태의 온라인·플랫폼 기반 비즈니스 유입이라는 구조 변화가 나타나고 있다.

**3) 디지털·지식 기반 창업 쪽으로 무게 중심이 이동하고 있다.**

한국에서 정보통신업 신생기업 수가 다른 업종의 감소를 어느 정도 보완하는 흐름을 보이고 있고, 플랫폼·무점포·1인 기업 기반 창업이 늘고 있다는 분석은 "창업의 질적 구조 변화"를 시사한다. 미국·OECD도 마찬가지로, 전통 제조·오프라인 유통보다 디지털·서비스 중심 창업이 늘어나는 중이다.

**4) 정책의 초점도 '양적 확대'에서 '지속 가능성·재도전 구조'로 옮겨가야 한다.**

한국 정부가 "창업-성장-회수-재투자/재도전의 선순환"을 정책 목표로 강조하는 이유도, 이제 단순히 창업 건수만 늘리는 방식으로는 고용·혁신·성장을 지속하기 어렵다는 인식 때문이다. 실패한 창업자에게 재도전 기회를 제공하고, 구조 변화에 맞춰 자영업·소상공인을 다른 형태의 비즈니스로 전환할 수 있도록 돕는 것이 점점 더 중요한 과제다.

# 3장

# 세계갑부 TOP10
## (2015 vs 2025)

# 3. 세계갑부 TOP10 (2015 vs 2025)

2015년 말과 2025년 말 세계 갑부 TOP10을 나란히 보면, "어떤 산업이 부를 만들어내는가"에 대한 전 세계 자본의 답이 어떻게 달라졌는지가 극명하게 드러난다. 2015년이 PC·전통 IT·통신·소비재·에너지 재벌이 뒤섞인 구성이었다면, 2025년 말에는 빅테크·플랫폼·AI·클라우드와 일부 럭셔리·투자 자본이 거의 모든 상위를 점령하는 구조로 재편되어 있다.

## 부의 패러다임 변화 개요

**2015년: 전통 산업 중심**
- PC·전통 IT·통신 산업 재벌 강세
- 오프라인 유통·소비재·에너지 기업 중심
- 다양한 국적의 부자들이 TOP10에 포진

**2025년: 빅테크·플랫폼·AI 중심**
- 빅테크·플랫폼·AI·클라우드 기업 주도
- 디지털 인프라와 네트워크 효과 기반
  미국 기업과 상업사늘이 상위권 독점

**10년간 세계 자본의 흐름 변화**
- 물리적 자산에서 디지털 자산으로 이동
- 지역 독점에서 글로벌 플랫폼으로 전환
- 자본 집중과 부의 양극화 심화

**부의 중심 이동의 의미**
- 경제·기술·정치·문화의 힘의 균형 변화
- 디지털 전환과 승자독식 현상 가속화
- 미래 부의 창출 방향 예측 가능

## 3.1 2015년 말 기준 세계 갑부 TOP10

2015년 포브스 세계 부호 리스트(2015년 3월 발표, 그해 말까지 큰 순위 변동 없이 유지된 구성)를 보면 TOP10은 다음과 같다.

## 2015년 기준 세계 갑부 TOP 9

| 1위: 빌 게이츠 | 2위: 카를로스 슬림 헬루 | 3위: 워런 버핏 |
|---|---|---|
| - 약 792억 달러<br>- 마이크로소프트 공동 창업자<br>- PC 운영체제·오피스 SW 표준 구축 | - 약 771억 달러<br>- 멕시코 통신재벌 (텔멕스, 아메리카 모빌)<br>- 라틴아메리카 통신 시장 장악 | - 약 727억 달러<br>- 버크셔 해서웨이 회장<br>- 장기 가치투자의 전설적 투자자 |
| 4위: 아만시오 오르테가 | 5위: 래리 엘리슨 | 6위: 찰스 코크 |
| - 약 645억 달러<br>- 인디텍스(자라) 창업자<br>- 글로벌 패션 유통 재편한 SPA 모델 | - 약 543억 달러<br>- 오라클 공동 창업자·CEO<br>- 기업용 DB·ERP 분야 독보적 지위 | - 약 429억 달러<br>- 코크 인더스트리즈 공동 오너<br>- 정유·화학·비료·상품 트레이딩 기업 |
| 7위: 데이비드 코크 | 8위: 크리스티 월턴 | 9위: 짐 월턴 |
| - 약 429억 달러<br>- 코크 인더스트리즈 공동 오너<br>- 미국 에너지·원자재 재벌 | - 약 414억 달러<br>- 월마트 창업자 샘 월턴의 며느리<br>- 월마트 지분 상속으로 최고 여성 부호 | - 약 405억 달러<br>- 월마트 창업자 막내아들<br>- 유통 공룡 월마트 지분과 패밀리 은행 |

### 1) 빌 게이츠 (Bill Gates)

● 약 792억 달러

● 마이크로소프트 공동 창업자, PC 운영체제·오피스 소프트웨어로 전 세계 컴퓨터 표준을 만든 인물이다.

● 2015년에도 16번째로 세계 최고 부자 타이틀을 지켰고, 이후 자선재단 활

동에 초점을 옮기면서도 막대한 배당과 투자 수익으로 자산을 유지했다.

### 2) 카를로스 슬림 헬루 & 가족 (Carlos Slim Helu & family)

- 약 771억 달러
- 멕시코 통신사 텔멕스·아메리카 모빌을 중심으로 라틴아메리카 통신 시장을 장악한 재벌이다.
- 은행·건설·소매 등으로 다각화된 그룹을 보유하며, "신흥국 인프라·독점형 재벌"의 대표 사례였다.

### 3) 워런 버핏 (Warren Buffett)

- 약 727억 달러
- 버크셔 해서웨이 회장으로, 보험을 기반으로 모은 현금으로 장기 가치투자를 해 온 전설적인 투자자다.
- 코카콜라·아메리칸 익스프레스·철도·에너지·제조 등 다각화 포트폴리오로 "투자 그 자체가 하나의 사업"인 구조를 만들었다.

### 4) 아만시오 오르테가 (Amancio Ortega)

- 약 645억 달러
- 스페인 패션 기업 인디텍스(자라 ZARA 모회사) 창업자로, 초고속 SPA(제조·유통 일체형) 모델로 글로벌 패션 유통을 재편했다.
- 저가·빠른 회전·글로벌 동시 트렌드 반영을 무기로, 오프라인 패션 리테일의 황제로 군림했다.

### 5) 래리 엘리슨 (Larry Ellison)

- 약 543억 달러
- 오라클 공동 창업자·당시 CEO로, 기업용 데이터베이스·ERP·미들웨어 등

B2B 소프트웨어 분야에서 독보적 지위를 누렸다.

- 2015년 당시 클라우드 전환이 시작되던 시기였고, 여전히 온프레미스 엔터프라이즈 SW의 상징이었다.

## 6) 찰스 코크 (Charles Koch)

- 약 429억 달러
- 코크 인더스트리스 공동 오너로, 정유·화학·비료·상품 트레이딩 등 "보이지 않는 중간재·인프라 비즈니스"의 거인이었다.

## 7) 데이비드 코크 (David Koch)

- 약 429억 달러
- 형 찰스와 함께 코크 인더스트리스를 이끌던 공동 오너로, 미국 에너지·원자재 기반 재벌의 대표 얼굴 중 하나였다.

## 8) 크리스티 월턴 (Christy Walton)

- 약 414억 달러
- 월마트 창업자 샘 월턴의 며느리로, 월마트 지분 상속을 통해 세계 최고 여성 부호가 되었다.

## 9) 짐 월턴 (Jim Walton)

- 약 405억 달러
- 월마트 창업자 막내아들로, 유통 공룡 월마트 지분과 패밀리 은행을 통해 막대한 부를 축적했다.

10) 릴리안 베탕쿠르 (Liliane Bettencourt)

- 약 401억 달러
- 로레알 창업자의 딸로, 글로벌 화장품·뷰티 시장의 성장과 함께 로레알 지분 가치를 보유한 유럽 재벌 가문의 상징이었다.

이 2015년 TOP10을 요약하면,

- 마이크로소프트·오라클 같은 1세대 IT·소프트웨어,
- 통신·정유·화학·유통·패션·화장품 등 전통 산업 재벌,
- 월마트·코크·슬림·로레알·버크셔처럼 오프라인 자산과 독점·규모의 경제에 기반한 부자들이 상위권을 차지하고 있었다.

## 2015년 기준 세계 갑부 특징

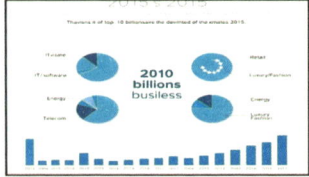

**1세대 IT·소프트웨어 기업가**
- 마이크로소프트(게이츠)
- 오라클(엘리슨)
- PC·기업용 SW 중심 비즈니스

**전통 산업 재벌의 강세**
- 통신(슬림), 정유·화학(코크)
- 유통(월마트), 패션(자라)
- 화장품(로레알) 등 전통 산업

**오프라인 자산 기반 부자들**
- 오프라인 매장과 물리적 자산
- 독점·규모의 경제 기반
- 지역 시장 지배력 중심

**다양한 국적 분포**
- 미국, 멕시코, 스페인
- 프랑스, 홍콩 등
- 지역적으로 다양한 분포

**물리적 인프라와 지역 독점**
- 자국 및 지역 시장 지배력
- 독점적 인프라 사업 모델
- 느리지만 안정적인 성장

## 3.2 2025년 말 기준 세계 갑부 TOP10

2025년 말(포브스 2025년 4월 발표 연간 리스트와 2025년 11월·2026년 1
월 집계 기준)을 기준으로 하면, TOP10의 얼굴은 완전히 바뀐다. 포브스
2025년 세계 부호 리스트(2025년 4월 기준) TOP10은 다음과 같다.

## 2025년 기준 세계 갑부

| 1위: 일론 머스크 | 2위: 마크 저커버그 | 3위: 제프 베이조스 |
|---|---|---|
| - 약 3,420억 달러<br>- 테슬라, 스페이스X, xAI, X 등 7개 이상 기업 보유<br>- 21세기형 '초연결 테크 창업자' | - 약 2,160억 달러<br>- 메타 플랫폼스 CEO<br>- 소셜 네트워크, 디지털 광고, AI 집중 | - 약 2,150억 달러<br>- 아마존 창업자<br>- 전자상거래, 클라우드(AWS), 광고, 콘텐츠 |
| **4위: 래리 엘리슨**<br>- 약 1,920억 달러<br>- 오라클 공동 창업자·회장<br>- 2015년 대비 자산 4배 가까이 증가 | **5위: 베르나르 아르노**<br>- 약 1,780억 달러<br>- LVMH 회장<br>- 럭셔리·뷰티·주류 '프리미엄 소비재 제국' | **2025년 말~2026년 1월 기준 실시간 집계**<br>- 1위: 일론 머스크 (4,970억~7,260억 달러)<br>- 테슬라, 스페이스X, xAI 주가 급등으로 자산 폭증<br>- 역대 최고 개인 자산가치 기록 |
| **상위 1~3위 갑부**<br>- 2위: 래리 페이지 (2,320억~3,200억 달러)<br>- 3위: 래리 엘리슨/제프 베이조스 (2,540억~3,200억 달러)<br>- 구글/알파벳과 오라클의 AI·클라우드 성장 수혜 | **상위 4~7위 갑부**<br>- 4위: 마크 저커버그 (2,150억~2,230억 달러)<br>- 5위: 세르게이 브린 (2,150억~2,230억 달러)<br>- 6~7위: 베르나르 아르노 (1,780억 달러) | **상위 8~10위 갑부**<br>- 8위: 젠슨 황 (1,470억 달러)<br>- 9위: 워런 버핏 (1,470억 달러 이상)<br>- 10위: 스티브 발머 (1,470억 달러 이상) |

**1) 일론 머스크 (Elon Musk)**

- 약 3,420억 달러
- 테슬라·스페이스X·xAI·X(옛 트위터) 등 7개 이상 기업을 이끄는, 21세기
형 "초연결 테크 창업자"다.

- 1년 사이 1,470억 달러가 늘어나는 등, 로켓·전기차·AI·소셜미디어를 묶어 전례 없는 부의 확장을 이어가고 있다.

## 2) 마크 저커버그 (Mark Zuckerberg)

- 약 2,160억 달러
- 페이스북·인스타그램·왓츠앱을 거느린 메타 플랫폼스 CEO로, 소셜 네트워크와 디지털 광고, 리일스·VR/AR·AI에 집중한다.
- 메타의 주가 반등과 광고·AI 성장을 바탕으로 2020년대 중반 다시 상위 2위까지 올라섰다.

## 3) 제프 베이조스 (Jeff Bezos)

- 약 2,150억 달러
- 아마존 창업자, 전자상거래·클라우드(AWS)·광고·콘텐츠를 아우르는 플랫폼 제국의 설계자다.
- CEO 자리에서는 물러났지만, 지분 가치와 배당, 우주기업 블루오리진까지 감안할 때 여전히 세계 상위 부자다.

## 4) 래리 엘리슨 (Larry Ellison)

- 약 1,920억 달러
- 오라클 공동 창업자·회장으로, 2015년 5위에서 2025년에는 클라우드·데이터 인프라 붐 덕분에 순자산이 거의 4배 가까이 뛰어오른 사례다.
- 오라클의 DB·ERP에 더해, 클라우드·AI 연계 솔루션이 성장하면서 빅테크 반열에 다시 선명하게 올라섰다.

## 5) 버나르 아르노 & 가족 (Bernard Arnault & family)

- 약 1,780억 달러
- LVMH 회장으로, 루이비통·디올·티파니·불가리·세포라 등 럭셔리·뷰티·주류를 아우르는 "프리미엄 소비제 제국"의 정점이다.
- 2020년대 초반에는 세계 1위까지 올랐지만, 2025년에는 테크 거인들에게 1~4위를 내주고 5위권으로 내려와 있다.

## 6) 빌 게이츠 (Bill Gates)

- 약 1,080억 달러 (13위이지만, 2024년까지 상위권 유지)
- 포브스 2025 리스트에서는 13위지만, 2024년까지는 TOP10 안에 있었고, 여전히 전 세계에서 가장 영향력 있는 자선가·투자자 중 한 명이다.

이와 별도로, 2025년 말~2026년 1월 기준 실시간 집계에서 상위 10명은 다음과 같은 얼굴로 정리된다.

- 1위 : 일론 머스크
- 4,970억~7,260억 달러(지표·시점에 따라 차이)
- 2위 : 래리 페이지(혹은 래리 엘리슨)
- 2,320억~3,200억 달러대
- 3위 : 래리 엘리슨·제프 베이조스
- 2,540억·3,200억 달러 안팎
- 4~6위 : 제프 베이조스·마크 저커버그·세르게이 브린
- 2,150억~2,230억 달러
- 7위 : 버나르 아르노
- 1,780억 달러
- 8위 : 젠슨 황

- 1,470억 달러 안팎(엔비디아·AI GPU 붐의 최대 수혜자)
- 9~10위 : 워런 버핏·스티브 발머 – 1,470억 달러 이상

# 2025년 기준 세계 갑부 특징

**테크·디지털 플랫폼 중심**
- TOP10 중 8명이 테크 기반 부자
- 디지털 플랫폼, 반도체, 클라우드, AI
- 검색, 소셜, 전자상거래, GPU 등 장악

**럭셔리·프리미엄 소비재**
- 버나르 아르노 (LVMH)
- 루이비통, 디올, 티파니 등 보유
- 디지털 시대에도 럭셔리 가치 유지

**전통 가치투자**
- 워런 버핏 (버크셔 해서웨이)
- 보험, 철도, 에너지, 소비재, 금융
- 애플 등 테크 지분 포함 포트폴리오

**미국 중심 국적 편중**
- TOP10 중 9명이 미국인
- 유일한 예외는 프랑스 아르노
- 자본시장·테크 생태계의 미국 집중

**네트워크 효과와 디지털 인프라**
- 사실상의 표준 제공 기업들
- 전 세계 수십억 명 사용자 기반
- 독점적 플랫폼 지위 확보

즉, 2025년 말 TOP10 구성은 실질적으로 다음과 같은 이름들로 정리된다.

- 일론 머스크(테슬라·스페이스X·xAI·X)
- 래리 페이지(구글/알파벳)
- 래리 엘리슨(오라클)
- 제프 베이조스(아마존)
- 세르게이 브린(구글/알파벳)
- 마크 저커버그(메타)
- 버나르 아르노(LVMH)
- 젠슨 황(엔비디아)
- 워런 버핏(버크셔 해서웨이)
- 스티브 발머(마이크로소프트 전 CEO)

이 10명 가운데 8명은 순수 테크 또는 디지털 플랫폼·반도체·클라우드·AI 기반 부자이고, 1명은 럭셔리·프리미엄 소비재, 1명은 전통 가치투자자다. 2015년과는 완전히 다른 얼굴과 산업 구성이 등장해 있는 셈이다.

## 3.3 2015 vs 2025 : 부의 판이 어떻게 바뀌었나

## 2015 vs 2025: 부의 판이 어떻게 바뀌었나 (1)

**전통 인프라·오프라인 재벌의 퇴장**
- 2015년 TOP10에 포진했던 통신(슬림), 정유·화학(코크), 유통(월마트) 재벌들이 2025년에는 상위권에서 퇴장
- 오프라인 자산과 독점·규모의 경제에 기반한 부자들의 상대적 위상 하락
- 전통 산업 재벌들은 50~100위권으로 밀려남

**물리적 자산 중심 사업의 한계**
- 물리적 인프라와 오프라인 자산 축적형 사업 모델로는 더 이상 최상위 초거대 부를 쌓기 어려운 구조로 변화
- 비교적 느리지만 안정적인 성장을 지속하는 모델의 한계
- 자산 증식 속도가 디지털 기업에 비해 현저히 느림

**지역 시장 지배력의 약화**
- 자국 및 지역 시장에 대한 지배력만으로는 글로벌 경쟁에서 뒤처짐
- 국가별·지역별 독점 사업 모델의 성장 한계
- 국경을 초월한 디지털 서비스에 비해 확장성 제한적

**글로벌 플랫폼으로의 전환**
- '한 나라의 재벌'에서 '전 세계 인프라를 장악한 플랫폼 오너'로 부자 유형 변화
- 국경 없는 디지털 서비스와 네트워크 효과 기반 비즈니스 모델 부상
- 전 세계 수십억 명이 사용하는 서비스 제공 기업들의 가치 급증

2015년 말과 2025년 말의 TOP10을 비교하면, "부의 판이 어떤 방향으로 움직였는가"가 명확히 드러난다.

### 1) 전통 인프라·오프라인 재벌의 퇴장

2015년 TOP10의 특징은 다음과 같다.

- 통신(슬림), 정유·화학·상품(코크 형제), 오프라인 유통·패션·화장품(월마트·자라·로레알), 부동산·항만(리 카싱) 등 물리적 인프라와 오프라인 자산 축적형 재벌이 상위를 차지했다.
- 이들은 자국 및 지역 시장에 대한 지배력과 독점적 인프라 사업으로 부를 쌓았고, 비교적 느리지만 안정적인 성장을 지속하는 모델이었다.

2025년 TOP10에서는 이 얼굴들이 대부분 사라졌다. 슬림·코크·월튼·베탕쿠르·리 카싱 등은 여전히 상위 50~100위권에는 있지만, "세계 최상위 10명"에서 자리를 내어주었다. 이는 물리적 자산 중심 사업만으로는 더 이상 최상위 초거대 부를 쌓기 어려운 구조로 바뀌었음을 의미한다.

## 2015 vs 2025: 부의 판이 어떻게 바뀌었나 (2)

### 빅테크·플랫폼·AI·클라우드의 절대 강세
- 2025년 TOP10의 대부분이 데이터·클라우드·AI·플랫폼·반도체·우주·전기차 기반 사업
- 구글, 메타, 아마존, 마이크로소프트, 오라클, 엔비디아, 테슬라 등 디지털 기반 기업들의 독점적 지위
- 2015년에도 존재했던 기업들이지만 'PC+초기 인터넷 시대'에서 '모바일+클라우드+AI+플랫폼' 시대로 패러다임 전환
- 기술 변화에 성공적으로 적응한 기업들만 상위권 유지

### 디지털 인프라 기반 사업의 성장
- 검색·광고·전자상거래·클라우드·OS·소셜·GPU·AI 학습 인프라 등에서 '사실상의 표준' 제공
- 전 세계 수십억 명의 일상·업무·정부 시스템 위에 올라탄 디지털 인프라 기업들
- 물리적 자산보다 무형 자산(데이터, 알고리즘, 네트워크)의 가치가 급증
- 디지털 서비스의 한계비용 제로에 가까운 특성으로 수익성 극대화

### 네트워크 효과
- 사용자가 늘수록 서비스 가치가 기하급수적으로 증가
- 승자독식 구조 형성
- 경쟁자 진입장벽 구축
- 독점적 지위 확보 용이

### 규모의 경제
- 고정비용 분산으로 수익성 극대화
- 글로벌 시장 동시 공략 가능
- 한계비용 거의 제로에 가까움
- 수익 재투자 통한 격차 확대

### 표준 제공 기업
- 산업 표준 장악으로 생태계 지배
- 호환성 기반 락인(Lock-in) 효과
- 보완재 사업자들의 종속성 강화
- 플랫폼 수수료 수익 모델 구축

## 2) 빅테크·플랫폼·AI·클라우드의 절대 강세

2025년 TOP10의 공통점은, 대부분이 데이터·클라우드·AI·플랫폼·반도체·우주·전기차에 기반한 사업을 하고 있다는 점이다.

- 구글(페이지·브린), 메타(저커버그), 아마존(베이조스), 마이크로소프트(발머), 오라클(엘리슨), 엔비디아(젠슨 황), 테슬라·스페이스X(머스크)는 모두 네트워크 효과와 규모의 경제가 극단적으로 작동하는 디지털 기반 기업이다.
- 이들은 단일 제품이 아니라, 검색·광고·전자상거래·클라우드·OS·소셜·GPU·AI 학습 인프라 등에서 "사실상의 표준"을 제공하며, 전 세계 수십억 명의 일상·업무·정부 시스템 위에 올라타 있다.

2015년에도 마이크로소프트·오라클·구글·아마존·페이스북은 이미 존재했지만, 그때는 아직 "PC+초기 인터넷 시대"의 연장선이었고, 2025년에는 "모바일+클라우드+AI+플랫폼" 시대로 패러다임이 완전히 바뀐 것이다.

## 3) 럭셔리와 투자 자본의 끈질긴 존재감

그럼에도 불구하고, 두 유형의 부자는 10년이 지나도 여전히 상위권에 남아 있다.

- 버나르 아르노 ; LVMH는 디지털 시대에도 여진히 "상징 자본·희소성·정체성"을 팔아 막대한 마진을 확보한다.
- 프리미엄 가방·시계·주얼리·화장품·샴페인은 여전히 부유층과 신흥국 중산층·부자들의 욕망을 자극하는 상품이다.
- 워런 버핏 : 버크셔 해서웨이는 보험·철도·에너지·소비재·금융을 아우르며, 애플 같은 테크 지분까지 섞어 "전통+테크" 포트폴리오를 가진 투자 회사로 진화했다.

- "현금창출 기업·배당·복리 투자"라는 오래된 철학은 2025년에도 여전히 막강한 자산 증식 수단임을 보여준다.

즉, 기술이 부의 판을 바꾸었지만, 럭셔리와 안정적 캐시플로우·배당 자산에 대한 수요는 여전히 강력하며, 이 두 축이 10년을 건너도 상위권의 일부를 지키고 있다.

4) 미국·테크 중심으로의 편중

2015년 TOP10에는 멕시코(슬림), 스페인(오르테가), 프랑스(베탕쿠르), 홍콩·중국(리 카싱), 미국 등 비교적 다양한 국적의 부자가 섞여 있었다. 2025년 말에는 상위 10명 중 9명이 미국인이고, 유일한 예외가 프랑스의 아르노라는 분석도 나왔다.

- 이는 자본시장·테크 생태계·플랫폼 비즈니스 구조가 미국에 과도하게 집중되어 있다는 현실을 반영한다.
- 동시에, 글로벌 패권·법·금융·기술 인프라·스타트업·VC 생태계의 중심이 여전히 미국에 있다는 것을 보여준다.

10년 사이 "부의 지리학"은 더욱 미국·서구 테크 중심으로 쏠렸고, 신흥국 재벌의 상대적 위상은 낮아졌다.

# 3.4 부의 다음 세대는 어디서 나올까

2015년 말과 2025년 말의 TOP10을 관통하는 메시지는 분명하다.

**1) 물리적 인프라·오프라인 독점 → 디지털 인프라·네트워크 효과로 부의 중심이 이동했다.**

- 2015년 슬림·코크·월튼·베탕쿠르·리 카싱이 상징하던 세계는, 2025년에는 머스크·저커버그·페이지·베이조스·황 젠슨으로 대표되는 플랫폼·AI·클라우드·반도체 세계로 대체되었다.

**2) "한 나라의 재벌"에서 "전 세계 인프라를 장악한 플랫폼 오너"로 부자의 유형이 바뀌었다.**

- 2015년 재벌은 자국·지역 시장의 인프라·유통·자원을 장악한 인물이 많았다.
- 2025년에는 전 세계 수십억 명이 쓰는 검색·SNS·전자상거래·클라우드·GPU·OS를 장악한 사람들이다.
그러나 인간의 욕망과 안전자산 선호는 변하지 않는다.
- LVMH·버크셔처럼 럭셔리와 안정적 현금창출 자산에 기반한 부자는 여전히 상위권에 있다.

● 기술이 바뀌어도 "보이고 싶은 욕망·소유욕·안정에 대한 욕구"는 그대로라는 점에서, 이 영역의 부는 오래 지속될 가능성이 크다.

**3) 앞으로 2035년쯤의 TOP10을 상상해 보면, 다음과 같은 흐름이 예상된다.**

● AI·클라우드·반도체(엔비디아·후발 GPU·AI 인프라 기업)를 기반으로 한 부의 집중이 더 심화될 수 있다.
● 에너지 전환(배터리·재생에너지·수소), 바이오·헬스테크·로보틱스에서 새로운 초부자가 등장할 가능성이 크다.
● 동시에, 각국의 반독점 규제·세제 개편·자본 집중에 대한 사회적 반발이 커지면, 지금과 같은 "개인 단위 수백·수천억 달러 자산" 구조를 제어하려는 움직임도 생길 수 있다.

2015년에서 2025년으로 넘어간 10년은, 부의 얼굴이 "PC·전통 재벌의 시대"에서 "플랫폼·AI·디지털 인프라 시대"로 바뀐 시기였다. 이 변화는 단순히 순위표의 교체가 아니라, 전 세계 경제·기술·정치·문화의 힘의 균형이 어떤 방향으로 이동했는지를 보여주는 상징적인 지표라 할 수 있다.

## 3.5 부의 지형과 미래

2015년과 2025년의 TOP10을 비교하면, 세 가지 핵심 메시지가 나온다.

**1) 부의 중심이 "물질"에서 "디지털+데이터"로 이동했다.**

2015년 상위권은 석유·화학·통신·부동산·소매·패션·화장품 등 물리적 자산·인프라를 기반으로 한 부자들이 많았다. 2025년에는 데이터·알고리즘·클라우드·AI·플랫폼·반도체·우주·전기차 같은 디지털 기반 산업이 부의 중심이 되었다.

**2) 네트워크 효과와 확장성이 "초부자"를 결정한다.**

페이스북·구글·아마존·마이크로소프트·엔비디아·테슬라 같은 기업은 사용자 수·데이터·생태계 피드니가 늘어날수록 가치가 기하급수적으로 증가하는 구조를 갖고 있다. 이러한 네트워크 효과가 "상위 0.000001% 슈퍼 부자"를 만드는 엔진이 되었다.

**3) 그러나 인간의 욕망(럭셔리·브랜드·안전자산)에 대한 수요는 여전히 강력하다.**

LVMH·로레알 같은 럭셔리·뷰티 그룹, 버크셔처럼 안정적 캐시플로우와 배당을 추구하는 투자 회사는 여전히 상위권에 남아 있다. 기술이 부의 구조를 바꾸더라도, "보이고 싶은 욕망·소유 욕망·안정 욕망"은 변하지 않기 때문이다.

앞으로의 10년, 특히 2035년 즈음의 TOP10을 상상해 보면, 몇 가지 가능성이 보인다.

- AI·클라우드·반도체(엔비디아·차세대 칩 기업) 중심의 부의 집중이 더 심화될 수 있다.]
- 녹색 전환(배터리·재생에너지·수소)과 바이오·헬스테크에서 새로운 초부자가 나올 가능성이 크다.
- 한편으로는 각국 규제·부의 재분배 논의·반독점 움직임이 강해지면서, 지금과 같은 "개인 단위 천문학적 자산"을 어느 정도 제어하려는 정책도 등장할 수 있다.

2015년에서 2025년으로 넘어가는 동안 세계 부자의 얼굴은 "PC 시대의 왕들"에서 "플랫폼·AI 시대의 제왕들"로 바뀌었다. 그 변화는 단지 순위표의 교체가 아니라, 우리가 어떤 기술과 서비스 위에 삶을 올려놓고 있는지, 앞으로 어떤 산업이 인류의 자본과 재능을 빨아들일지에 대한 거대한 방향 전환의 신호이기도 하다.

## 3.6 빌게이츠 VS 스티브잡스

빌 게이츠와 스티브 잡스를 나란히 놓고 보면, 같은 시대·같은 산업에서 출발했지만 전혀 다른 길을 걸어 두 개의 제국을 세운 두 사람이 보인다. 둘 다 기술 천재이자 창업가였지만, 성장 배경과 경영철학, 사람을 대하는 방식은 거의 대조 수준으로 달랐다. 그래서 이 둘을 비교하는 일은 단순한 '성공한 CEO 이야기'가 아니라, "혁신을 이끄는 방식은 하나가 아니다"라는 사실을 보여주는 좋은 교재가 된다.

1) 성장 배경 : 수학 천재·프로그래머 vs 입양아·예술 지향 괴짜

빌 게이츠는 미국 시애틀의 상류 중산층 가정에서 자랐다. 아버지는 변호사, 어머니는 교육·자선 활동에 적극적인 인물로, 학교와 독서, 토론을 중시하는 집안 분위기 속에서 자라났다. 10대 초반부터 사립학교 컴퓨터실에 붙어 살다시피 하며 프로그래밍에 매달렸고, 수학·논리적 사고에서 압도적인 두각을 보였다. 하버드에 입학한 뒤에도 수학·컴퓨터 과목에서 최상위 성적을 받았지만, 결국 학업을 중단하고 폴 앨런과 함께 마이크로소프트를 창업한다. "좋은 대학– 좋은 직업"이라는 상식적 엘리트 코스를 버리고, 운영체제와 소프트웨어가 세상을 지배할 것이라는 가설에 자신의 인생을 베팅한 셈이다.

스티브 잡스의 출발점은 훨씬 거칠고 복잡했다. 태어나자마자 친부모에게 입양되었고, 캘리포니아의 평범한 블루칼라 가정에서 자랐다. 아버지는 기계·가구를 직접 고치고 만드는 것을 즐기는 사람이었고, 어린 잡스는 그런 작업을 곁에서 지켜보며 "물건의 내부 구조, 만듦새, 디테일"에 대한 감각을 키웠다. 동시에 그는 학교에서도, 사회적으로도 '문제아·괴짜'에 가까웠다. 리드 칼리지에 입학했지만 몇 달 만에 중퇴하고, 동양 철학·캘리그래피·명상·LSD 경험 등 당시 반(反)문화와 대안적 라이프스타일에 깊게 빠져든다. 이후 홈브루 컴퓨터 클럽에서 스티브 워즈니악을 만나 애플을 창업하면서, 기술·디자인·예술을 섞어 새로운 '개인용 컴퓨터 경험'을 만들겠다는 독특한 지향이 형성된다.

게이츠의 배경은 제도권 엘리트·수학·공학·비즈니스 쪽에 가깝고, 잡스의 배경은 비제도권·반문화·예술·철학 쪽에 기울어져 있다. 이 차이는 이후 두 사람의 경영철학과 리더십 스타일에 그대로 투영된다.

2) 경영철학

① 게이츠 "표준을 장악하고, 이기는 전략을 설계하라"

게이츠의 경영철학을 한 문장으로 요약하면 "표준을 장악해 시장을 이기는 전략가"에 가깝다. 그는 일찌감치 컴퓨터 산업의 중심을 하드웨어가 아닌 소프트웨어, 그중에서도 운영체제와 오피스 SW라는 '플랫폼'으로 보았다. IBM PC에 MS-DOS를 공급하면서도 소스와 라이선스 통제권을 MS가 쥐는 구조를 만들어, 이후 수많은 PC 제조사에 윈도우를 얹어 판매하는 생태계를 구축했다.

경영철학 비교:
케이초 vs 잡스

표준 장악
상기 천쿕
데이터·뉴리 기반 의사결정
빠른 출시와 반복 개선

전체 경험 통합(하드웨어+소프트웨어)
집중과 단순함
디자인·감성 중시
제품 우선, 재무는 그다음

이 철학에는 몇 가지 특징이 있다.

• 장기 전략·시장 지배 지향게이츠는 단기 제품 성능 경쟁보다 "어떤 구조를

만들면 10~20년 동안 표준으로 남을 수 있는가"를 중요하게 생각했다. 공격적인 라이선스 전략·번들링·파트너십을 통해 "모든 컴퓨터에 마이크로소프트 소프트웨어를 깔겠다"는 비전을 밀어붙였다.

• 데이터·논리 기반 의사결정그의 회의는 냉정하고 계산적이었다. 수치·근거·시나리오를 집요하게 파고들며 "지금 선택이 시장 점유율과 장기 경쟁력에 어떤 영향을 미치는가"를 따졌다.

• "Fail fast, fail forward" - 빠른 실패, 빠른 개선게이츠는 초기 MS에서 "빨리 만들고, 출시하고, 고객 반응을 보고 개선하는" 소프트웨어식 사고를 강조했다. 버그·불완전함보다 속도·학습·업데이트를 우선시하는 철학이었고, 이는 이후 IT 업계 전반의 '애자일·반복 개발' 문화에 영향을 주었다.

• 초기에는 강한 독재, 이후에는 팀에 권한 위임초기 게이츠는 상당히 독재적이고, 자신이 모든 기술·제품을 깊게 파고드는 스타일이었다. 코드를 직접 리뷰하며, 마음에 들지 않으면 날카롭게 비판하는 것으로 유명했다. 하지만 회사가 커지면서 그는 점차 임원진과 팀에 권한을 위임하고, "관여하되, 모든 것을 직접 통제하지는 않는" 방향으로 스타일을 바꾸어 갔다.

결국 게이츠의 철학은 "지적 엄격함+전략적 장기주의+표준 장악"으로 요약된다. 사용 경험·감성보다는 "모든 PC에 들어가는 기본 SW"가 되는 것, 그로써 시장 전체의 움직임을 쥐는 것을 최우선 목표로 삼았다.

② 잡스 "경험을 지배하고, 제품으로 세상을 바꿔라"

잡스의 경영철학은 정반대 방향에서 출발한다. 그는 기술을 "스펙"이 아니라

"인간 경험을 바꾸는 도구"로 보았다.

- 전체 경험 통제 : "우리가 전체 위젯을 소유한다"잡스는 "우리는 하드웨어·소프트웨어·운영체제를 모두 가진 유일한 회사다. 그래서 전체 사용자 경험에 책임질 수 있고, 남들이 못 하는 일을 할 수 있다"고 말하곤 했다.이 철학 아래에서 애플은 일관되게 폐쇄형 통합 모델을 선택했다. 하드웨어·OS·앱스토어·서비스까지 하나의 세계로 묶고, 디자인·성능·UI·포장을 포함한 모든 접점을 정교하게 통제했다.

- "1,000가지에 NO" 집중과 단순함잡스는 "집중한다는 것은 1,000가지에 'NO'라고 말하는 일"이라고 했다. 애플은 의도적으로 제품 라인업을 줄이고, 소수의 핵심 제품에 극단적인 자원을 쏟아붓는 전략을 택했다. 아이팟·아이폰·아이패드·맥북 등 각각의 제품군은 "한 카테고리에서 최고의 경험"을 목표로 설계되었다.

- 디자인·감성·이야기를 중시하는 철학잡스에게 기술은 디자인과 분리될 수 없었다. 곡선·재질·포장 상자의 느낌, 애니메이션의 미세한 움직임까지 집착했고, "기술+인문학의 교차점"에서 혁신이 나온다고 믿었다.그는 제품 발표를 "스토리텔링 무대"로 만들었고, 애플 제품은 기능뿐 아니라 삶의 스타일·정체성을 상징하는 아이콘이 되었다.

- 제품 우선, 재무는 그다음잡스는 분기 실적·주가보다 "정말 끝내주는 제품을 만들면 돈은 따라온다"는 식의 사고를 갖고 있었다. 제품·경험에 집착하는 장기주의 덕에, 애플은 고객 충성도·브랜드 파워를 구축했고 그 결과 세계 시가총액 1위 기업이 되었다.

잡스의 철학은 "전체 경험 통합+집중과 단순함+디자인·감성 우선+제품 중심 장기주의"로 정리할 수 있다. 시장 점유율·범용 표준보다, "종교에 가까운 팬덤과 상징성"을 만드는 쪽에 더 관심이 있었다.

### 3) 리더십·경영 스타일 비교 : 참여·합리 vs 독재·카리스마

두 사람의 리더십 스타일은 여러 연구와 비교 분석에서 거의 정반대 축으로 묘사된다.

**빌 게이츠 : 지적·참여형, 그러나 초기에 강한 통제**

• 초기 : 독재+지적 엄격함MS 초창기 게이츠는 기술·사업 결정 대부분을 직접 내리는 독재적 리더였다. 코드에 대한 집착, 논리적으로 상대를 몰아붙이는 회의 문화, '이길 수 있는 전략이냐'만을 기준으로 판단하는 냉정함이 특징이었다.

**리더십 스타일: 게이초 vs 잡스**

| 지적·전랩형 리더 | 카리스마·독재형 리더 |
| --- | --- |
| 초기 강한 통제, 이후 팀에 겹한 위임 | • 학심 결정 직접 관여 |
| • 실력·성과 중심 메리토크라시 | • 완벽주의와 극단적 기준 |
| • 냉정하지만 실용적인 피드백 | • 강한 스토리텔막과 비전 제시 |
| • 한리적 합입과 파트너십 중시 | • 강한 압박 속에서 형신 이플어난 |

- 성장기 이후 : 참여형·팀 중심회사가 거대해지면서 그는 스스로 "모든 것을 직접 결정할 수 없다"는 점을 인정하고, 조직·팀에 권한을 넘기기 시작했다.직원들을 관심사·역량별로 팀으로 묶고, 자율성을 부여하며, 정기적 리뷰·목표 관리·피드백으로 조율하는 방식으로 변했다. "아이디어가 좋으면 누구 것이라도 채택한다"는 식의 실력주의·메리토크라시를 강조했다는 평가도 있다.

- 프래그머틱(실용) 리더게이츠는 사람을 다루는 데 있어 감성적 카리스마보다는 실력·성과·논리를 중시했다. 갈등·비판에도 비교적 유연했고, 필요하다면 외부 전문 경영인·파트너와의 협업도 수용하는 스타일이었다.

**스티브 잡스 : 카리스마·독재형, 그리고 극단적 기준**

- 강한 독재·중앙집권잡스의 리더십은 "내 방식대로 아니면 나가라"에 가까운, 전형적인 독재형(autocratic) 스타일로 평가된다.그는 대부분의 중요한 제품·디자인·마케팅 결정에 깊이 개입했고, 나쁜 프리젠테이션·기대에 못 미치는 결과에는 분노와 모멸감을 서슴지 않았다.

- 완벽주의와 극단적 기준"품질의 기준점이 되라. 평균적인 환경에 익숙한 사람은 이 기준에 놀란다"는 말처럼, 잡스는 직원들에게 사실상 "불가능해 보이는 수준"을 요구했다.밤샘·리워크·완전한 방향 전환도 흔했고, 그 과정에서 많은 인재가 떠나기도 했다. 동시에 남은 사람들은 자신의 한계를 넘어서는 성취를 경험했다는 증언도 많다.

- 카리스마·스토리텔러잡스는 직원·고객·언론·투자자를 설득하는 탁월한

스토리텔러였다. "왜 이 제품이 필요한지", "세상을 어떻게 바꿀지"를 설득력 있게 그려내며, 팀에 강한 의미감을 부여했다. 그 카리스마가 독재적 스타일을 어느 정도 정당화하는 힘으로 작동했다.

요약하면, 게이츠는 지적·전략형+점진적으로 참여형으로 진화한 리더, 잡스는 카리스마·독재형+극단적 기준으로 혁신을 끌어낸 리더라고 할 수 있다. 둘 다 성공했지만, 조직 내부 문화와 사람들의 경험은 완전히 달랐다.

4) 무엇이 같고, 무엇이 달랐나 : 두 철학이 남긴 것

| 소칙点 | 소석点 |
|---|---|
| 컅퓨터가 세상을 바갑 것이라는 확신 | 컅퓨터가 세상을 바갑 것이라는 확신 |
| 어린 시절부터 기술에 몰입 | 어린 시절부터 기술에 몰입 |
| 세겨 표준 수준까지 밀어붙인 접요함 | 세겨 표준 수준까지 밀어붙인 접요함 |

## 빌 게이초 vs 스티브 잡스: 무앗이 같고 무앗이 다룬가

표준과 시장 지배
소프트웨어 · 인프라 중심
함리 · 전략 · 참여형

제뭄 경혐과 브랜드
하드웨어 · 디자인 중심
카리스마 · 독재형

공통점부터 보면, 두 사람은 모두

- 어린 시절부터 기술에 깊게 빠져 있었고,
- "컴퓨터가 세상을 바꿀 것"이라는 확신을 누구보다 빨리 가졌으며, 자신

의 비전을 세계 표준 수준으로 끌어올릴 만큼 집요하게 밀어붙인 인물이다.

그러나 "세상을 바꾸는 방식"은 달랐다.

- 게이츠는 "모든 PC에 깔리는 눈에 잘 안 보이는 표준"을 통해 세상을 바꾸었다.
- 그의 시대에는 윈도우·오피스가 깔리지 않은 기업·학교·가정이 거의 없을 정도였다.
- 접근 : 싸고, 범용적이며, 누구나 쓸 수 있는 소프트웨어 시장 점유율·표준화에 집중.

잡스는 "누구나 손에 쥐고 다니는 아름다운 기기"로 세상을 바꾸었다.

- 아이폰·아이패드는 디지털 라이프스타일·모바일 인터넷·앱 생태계를 만들어 냈고, 이는 사람들의 일상 자체를 바꾸었다.
- 접근 : 비싸더라도 완전히 다른 경험·제품·브랜드·감성에 집중.

둘 중 어느 쪽이 "더 옳다"기보다는, 산업·시대·제품 성격에 따라 다른 전략이 통할 수 있음을 보여준다. 범용 표준·인프라를 장악하려면 게이츠식 "표준+장기 전략+참여형 실력주의"가 중요하고, 완전히 새로운 경험을 내놓아 카테고리를 다시 쓰고 싶다면 잡스식 "전체 경험 통제+집중+극단적 기준"이 더 강력할 수 있다.

한 가지 분명한 점은, 두 사람 모두 자신의 성격·배경에 맞는 방식으로 회사를 이끌었다는 것이다. 수학·논리·전략에 강한 게이츠는 시장·표준·계약·파트너십을 무기로 삼았고, 예술·철학·디자인에 민감한 잡스는 제품·경험·브랜드를 무기로 삼았다. 리더십에는 정답이 없고, "자기 방식에 대한 깊은 이해 +환경에 맞는 적용"이 있을 뿐이라는 사실을, 이 두 사람의 대비가 묵직하게 말해 준다.

4장
사업의 시작

# 4. 사업의 시작

창업의 시작은 언제나 기대와 불안이 공존한다. 그러나 진짜 차이는 '얼마나 준비했는가'가 아니라 '준비한 것을 얼마나 실행으로 옮길 수 있는가'에서 갈린다. 사업은 결국 현실의 무대에서 검증되는 게임이다. 종이 위의 계획보다, 현장에서의 실행 속도가 모든 걸 결정한다.

## 창업의 본질

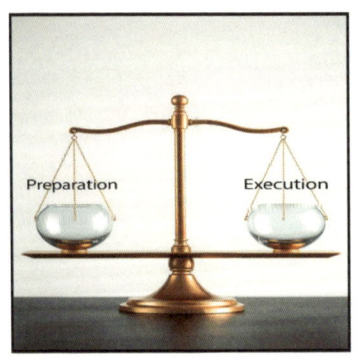

### 준비와 실행의 균형

- 창업은 기대와 불안이 공존하는 여정
- '얼마나 준비했는가'보다 '준비한 것을 얼마나 실행으로 옮길 수 있는가'가 중요
- 준비는 단순한 계획이 아닌 전략적 접근이 필요
- 개업 전 단계적 준비가 성공 가능성을 높임
- 체크리스트 만들기 허번 시장 이해와 검증에 집중
- 준비 과정에서 시장의 반응을 지속적으로 확인
- 유연한 전략으로 변화에 대응할 준비 필요
- 실행 가능한 계획이 완벽한 계획보다 가치 있음

### 실행 속도의 중요성

- 사업은 현실의 무대에서 검증되는 게임
- 종이 위의 계획보다 현장에서의 실행 속도가 결정적
- 시장은 빠르게 변화하므로 실행 속도가 경쟁력
- 준비와 실행 사이의 균형점 찾기가 중요
- 빠른 실행을 통한 시장 검증과 피드백 수집
- 초기에는 완벽함보다 시장 진입 속도에 집중
- 실행 과정에서 얻는 데이터가 사업 방향 결정
- 실행을 통한 학습이 이론적 준비보다 가치 있음

# 4.1 창업의 준비

## 1) 준비는 계획이 아니라 전략이다

창업 전 점검 단계는 단순한 체크리스트 완료가 아니다. 개업 9개월 전부터 시장 조사, 아이템 검증, 자금 계획, 인허가 절차 파악이 단계적으로 이뤄져야 한다. 3개월 전에는 조직 구성과 공급망 점검, 세무·법무 전문가 확보가 필요하다. 개업 1개월 전에는 홍보, 제품 출시 일정, 고객 응대 시스템 등 실무적 준비가 집중된다.

창업 과정에서 가장 흔한 실수는 타이밍을 놓치는 것이다. 준비가 부족하면 시행착오가 늘어나고, 너무 늦으면 시장의 빈틈을 잃는다. 완벽한 타이밍이란 존재하지 않는다. 핵심은 '준비된 불완전함으로 시작하는 용기'다.

## 2) 법적 절차는 신뢰의 전제다

사업은 합법성 위에 세워져야 한다. 사업자등록, 법인설립 등 기본 행정 절차를 마쳐야 거래처와 시장에서 신뢰를 얻는다. 업종에 따라 위생 허가, 의료 인가, 환경 승인 등 추가 인허가가 뒤따른다.

이 과정에서 세무사, 회계사, 변호사의 조언은 비용이 아니라 투자다. 초기에 체계를 바로 잡으면 불필요한 세무 문제나 계약 분쟁을 예방할 수 있다. 모든 것은 적법한 절차를 원칙으로 진행해야한다. 적법한 절차로 진행하다가 잘 안될 경우 편법을 사용할 수는 있지만 편법을 주로 사용하게 되면 결국 불법으로 끝나게된다.

창업자가 모든 걸 직접 처리하려다 실수하는 경우가 많다. 합법적 기반이 흔들리면 사업의 성장은 불가능하다. 첫 단추부터 정확히 끼우는 게 중요하다.

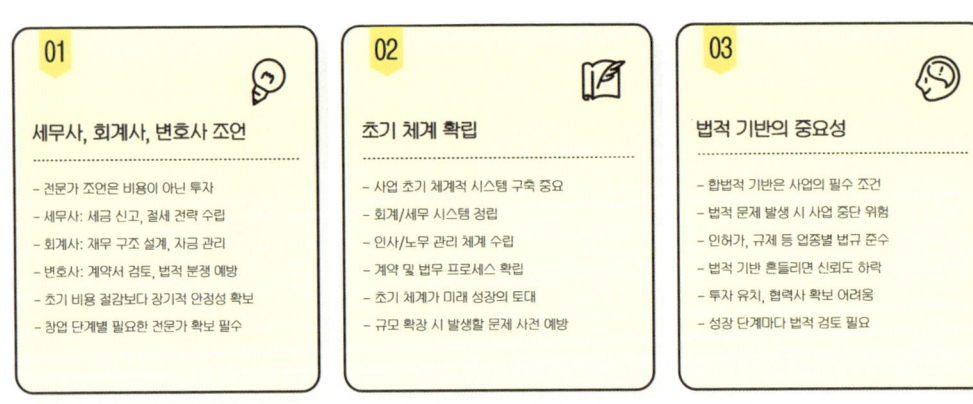

## 전문가 활용의 중요성

**01**

### 세무사, 회계사, 변호사 조언

- 전문가 조언은 비용이 아닌 투자
- 세무사: 세금 신고, 절세 전략 수립
- 회계사: 재무 구조 설계, 자금 관리
- 변호사: 계약서 검토, 법적 분쟁 예방
- 초기 비용 절감보다 장기적 안정성 확보
- 창업 단계별 필요한 전문가 확보 필수

**02**

### 초기 체계 확립

- 사업 초기 체계적 시스템 구축 중요
- 회계/세무 시스템 정리
- 인사/노무 관리 체계 수립
- 계약 및 법무 프로세스 확립
- 초기 체계가 미래 성장의 토대
- 규모 확장 시 발생할 문제 사전 예방

**03**

### 법적 기반의 중요성

- 합법적 기반은 사업의 필수 조건
- 법적 문제 발생 시 사업 중단 위험
- 인허가, 규제 등 업종별 법규 준수
- 법적 기반 흔들리면 신뢰도 하락
- 투자 유치, 협력사 확보 어려움
- 성장 단계마다 법적 검토 필요

### 3) 공간은 전략 자원이다

공간 선정은 단순한 입지 결정이 아니라 경영 전략의 일부다.소매업은 유동 인구와 노출 빈도가, 제조업은 물류 접근성과 인력 수급이 결정적이다. 사무형 서비스업이라면 교통 편의성, 협력사 접근성, 근로 환경이 핵심이다.

좋은 공간은 싸거나 넓은 곳이 아니라, 고객과 가장 가깝게 만날 수 있는 곳이다. 임대차 계약은 반드시 보증금, 계약 기간, 해지 조건을 꼼꼼히 검토해야 한다. 단기 임대료 절감보다 유연한 계약 구조가 장기적으로 더 안전하다. 공간 확장은 매출이 아닌 '현장의 데이터'로 판단해야 한다. 속도보다 방향이 우선이다.

## 4) 마케팅은 첫날부터 전투다

### 초기 마케팅의 중요성

**개업 당일부터의 마케팅**
- 개업 당일은 마케팅의 시작점
- 사업 존재 인식이 최우선 과제
- 첫인상이 브랜드 이미지 결정

**첫 고객 확보 전략**
- 모든 자원을 첫 고객 확보에 집중
- 초기 고객은 입소문의 시작점
- 첫 고객 경험이 재방문을 결정

**SNS 활용 전략**
- 타겟 고객층에 맞는 SNS 선택
- 일관된 브랜드 메시지 전달
- 고객 참여형 콘텐츠 제작

**개업식 및 이벤트**
- 개업식은 지역사회 인지도 확보 기회
- 체험형 이벤트로 제품 경험 제공
- 언론 및 인플루언서 초청 고려

**지역 기반 마케팅**
- 지역 특성에 맞는 마케팅 전략
- 주변 상권과의 협업 모색
- 지역 커뮤니티 활동 참여

개업 당일 마케팅은 선택이 아니라 생존이다. 고객이 사업의 존재를 인식하지 못하면 제품이 아무리 좋아도 시장은 반응하지 않는다.

초기에는 모든 자원을 "첫 고객 확보"에 집중해야 한다. SNS 프로모션, 개업식 이벤트, 지역 광고, 체험단 운영 수단은 다양하지만 목표는 하나다. 브랜드를 '보게 만드는 것'.

# 데이터 기반 초기 운영의 중요성

### 감이 아닌 데이터로 결정하라

- 사업 초기에는 경험이나 직감보다 데이터에 의존해야 함
- 모든 의사결정은 객관적 수치를 기반으로 이루어져야 함
- 데이터 수집은 개업 첫날부터 체계적으로 진행
- 고객 행동, 매출 패턴, 재고 회전율 등 모든 정보 기록
- 예상과 실제 결과의 차이를 지속적으로 분석
- 차이가 발생한 원인을 구체적으로 파악하는 습관 필요
- 데이터 기반 의사결정이 사업의 체질을 근본적으로 변화
- 감정이나 희망적 사고가 아닌 현실에 기반한 전략 수립

### 핵심 지표 관리와 분석

- 주요 지표: 매출, 고객 유입 경로, 재방문율, 클레임 발생률
- 모든 지표는 주간 단위로 정기적 점검 필요
- 초기 3개월은 손익보다 시스템 검증과 학습의 기간
- 피드백 루프(Feedback Loop)의 속도가 성장 속도 결정
- 빠른 피드백 루프는 손실 감소와 성장 가속화에 기여
- 데이터 분석을 통해 효율적인 자원 배분 가능
- 마케팅 채널별 ROI 측정으로 효과적인 투자 결정
- 지속적인 데이터 축적이 경쟁력의 원천

첫 100명의 고객은 단순한 구매자가 아니라 시장을 검증해줄 실험군이다. 이들의 피드백이 제품 개선의 방향을 결정한다. 마케팅의 본질은 '광고'가 아니라 '대화'다. 고객의 목소리를 듣고, 데이터로 분석하고, 다음 전략에 반영해야 한다.

초기 마케팅의 정석 : 매출보다 데이터. 어떤 채널에서 어떤 고객이 유입됐는지 기록하는 습관이 결국 돈이 된다.

## 5) 초기 운영 숫자가 말해주는 진실

사업 초기에 가장 중요한 건 감이 아니라 데이터다. 매출, 유입 경로, 재방문율, 클레임 발생률 등 모든 지표를 주간 단위로 점검해야 한다.

예상치와 실제 결과의 차이를 확인하고 원인을 구체적으로 분석하는 습관이 사업의 체질을 바꾼다. 피드백 루프(Feedback Loop)가 빠를수록 손실은 줄고 성장 속도는 빨라진다.초기 3개월은 손익을 따질 시점이 아니다. 이 기간은 시스템을 시험하고, 고객 반응을 학습하는 과정에 가깝다.

## 6) 정부 지원 프로그램은 전략적으로 사용하라

현실적으로 초기 자금은 항상 부족하다. 다행히 정부는 창업자에게 다양한 지원 프로그램을 운영한다. 대표적인 것이 '초기 창업 패키지'다. 사업화 자금, 시장조사비, 컨설팅, 홍보비, 지식재산(IP) 등록비 등을 지원받을 수 있다.

이 프로그램의 가치는 단순한 보조금이 아니라, 리스크 분산에 있다. 자금 흐름에 여유를 주고, 공식 기관을 통한 신뢰를 쌓을 수 있다. 신청 전 필요한 건 '실행 중심의 사업계획서'다. 창의성보다 현실성과 추진력이 평가의 핵심이다. 정부 사업은 서류보다 실행할 의지를 본다.

## 7) 창업자의 마인드 – 실행이 모든 걸 바꾼다

창업의 가장 큰 장애물은 자금이 아니다. '과도한 생각'이다. 완벽을 기다리다 시장에서 사라지는 일은 흔하다. 준비가 끝났다고 느껴질 일은 결코 없다. 중요한 건 불완전한 상태에서도 움직이는 것, 그리고 움직이면서 배우는 것이다.

사업 초기의 목표는 이익이 아니라 '검증'이다. 작게 시작해 데이터를 얻고, 반응을 보고 방향을 수정해야 한다. 이게 가장 현실적인 생존 전략이다.

작은 성공을 반복적으로 쌓아가는 과정이 결국 사업의 내공이 된다. 고객을 만나고, 문제를 해결하고, 지속적으로 개선하는 창업자가 결국 시장을 이긴다.

## 4.2 창업자가 준비할 것

### 1) 당신의 강점 없이 창업은 없다

창업을 준비하는 사람들이 가장 먼저 던져야 할 질문은 의외로 단순하다. "내가 가진 장점은 무엇인가?" 이 질문에 얼마나 명확하게 답할 수 있는지에 따라 창업의 성패가 갈린다. 많은 예비 창업자들이 사업 아이디어와 시장 규모, 트렌드에만 시선을 빼앗긴 채 정작 중요한 출발점, 즉 자신의 강점을 제대로 파악하지 못한 상태에서 뛰어든다. 그 결과는 자주 비슷하다. 아이템은 있어 보이는데, 막상 사업을 운영할 사람의 역량과 자원, 네트워크, 경험이 뒷받침되지 않아 얼마 못 가 흔들리는 것이다.

반대로 자신의 장점을 냉정하게 점검하고, 그 장점을 사업 모델과 치밀하게 연결해 놓은 창업자는 위기 속에서도 버틴다. 같은 불황, 같은 경쟁 환경에도 어떤 사람은 고객을 잃지 않고, 어떤 사람은 시장에서 조용히 사라진다. 그 차이는 "아이템의 차이"가 아니라 "강점을 알고 활용했는가"라는 질문에서 갈린다. 이 글은 바로 그 지점, 즉 "나의 장점은 무엇인가"라는 질문을 창업의 관점에서 어떻게 이해하고, 어떻게 찾아내며, 어떻게 전략으로 연결해야 하는지에 대해 차근차근 짚어보고자 한다.

## 1단계 : '강점'은 단순한 재능이 아니다

창업에서 말하는 강점은 단순히 "내가 잘하는 것"의 목록이 아니다. 강점이란 소비자가 긍정적으로 인식하고, 경쟁사와 비교했을 때 분명한 우위로 작동하는 특성이다. 다시 말해, 아무리 뛰어난 능력이라도 시장이 원하지 않으면 그것은 취미에 가깝지 창업의 강점이라 부르기 어렵다.

---

## 창업의 출발점: 강점 파악

### 핵심 질문: 내가 가진 장점은 무엇인가?

- 창업 성패를 가르는 첫 번째 질문은 자신의 강점 파악
- 많은 예비 창업자들이 시장과 트렌드에만 집중하고 자신의 강점을 간과
- 자신만의 차별화된 강점이 경쟁 환경에서 생존의 열쇠

### 강점과 사업 모델의 연결

- 개인의 강점과 시장 기회가 만나는 지점에서 사업 모델 구축
- 강점을 사업 모델과 치밀하게 연결할 때 위기 속에서도 생존 가능
- 강점과 사업의 연결성이 약하면 지속 가능성 낮아짐

### 아이템보다 중요한 창업자의 역량

- 같은 아이템도 창업자의 역량에 따라 성패가 크게 달라짐
- 역량, 자원, 네트워크, 경험이 뒷받침되지 않으면 좋은 아이템도 실패
- 창업자의 강점이 사업의 핵심 경쟁력으로 작용

### 객관적 자기 평가의 중요성

- 자신의 강점과 약점을 냉정하게 평가하는 과정 필수
- 주관적 판단보다 객관적 데이터와 피드백에 기반한 평가
- 과대평가와 과소평가 모두 위험한 함정

---

예를 들어, 한 사람이 탁월한 프로그래밍 실력을 가지고 있다고 해보자. 그 능력 자체는 분명 뛰어나지만, 만약 그가 동네 카페를 운영하려 한다면 이 능력은 사업의 핵심 성공 요인이 되지 못할 가능성이 크다. 반면 같은 능력도 온라인 교육 플랫폼, 소프트웨어 개발 회사, IT 기반 서비스 창업에서는 강력한 무기가 된다. 결국 강점은 '능력'과 '사업 맥락'이 만나는 지점에서 비로소 의미를 가진다.

그래서 창업자가 스스로에게 던져야 할 질문은 두 가지다. "나는 무엇을 잘

하는가?", 그리고 "시장은 무엇을 필요로 하는가?" 이 두 질문의 교집합이 있을 때 비로소 창업 맥락에서의 진짜 강점이 드러난다. 이 교집합이 없는 능력은 취미이거나 잠재력일 뿐이고, 교집합이 뚜렷한 능력은 곧바로 사업 기회가 된다.

## 2단계 : 창업자가 가져야 할 핵심 강점들

그렇다면 창업에서 흔히 중요한 강점으로 꼽히는 것들은 무엇일까. 실제 창업 전문가와 경영자들이 반복해서 강조하는 몇 가지 축을 하나씩 살펴보자.

### 2-1. 경영자 핵심역량과 전문성

첫 번째는 경영자 핵심역량이다. 이는 회사의 대표로서 방향을 정하고, 의사결정을 내리며, 사람을 이끌고, 문제를 해결해 나가는 능력을 말한다. 이전 직장에서 팀장이나 프로젝트 리더를 맡아 구성원을 이끌어본 경험은 단순한 경력 항목이 아니라 실제 창업 후 직원 관리와 조직 운영에서 큰 자산이 된다.

전문성과 경험 역시 중요하다. 음식점을 열려는 사람이라면 요리 실력뿐 아니라 주방 운영 경험, 식자재 수급 지식, 위생 관리 등 업종 특유의 노하우가 강점이 된다. 부동산 중개업을 준비한다면 시장 정보, 법·제도 이해, 지역 네트워크가 곧 경쟁력이다. 한 산업에서 오랫동안 쌓아 온 경험은 이력서의 한 줄이 아니라, 그 분야에 처음 들어오는 사람들과의 격차를 만들어 주는 명확한 차별 요소다.

## 2-2. 독점적 기술과 지식재산권

두 번째는 독점적 기술과 지식재산권이다. 특허를 보유한 기술, 남들이 쉽게 모방할 수 없는 제조 공정, 특별한 서비스 제공 방식 등은 강력한 진입장벽이 된다. 예컨대 독특한 발효 기술로 기존 제품과 완전히 다른 맛을 내는 식품을 개발했다면, 그 기술은 곧 사업의 핵심 자산이자 차별화 포인트가 된다. 이런 강점은 가격 경쟁이 아니라 가치 경쟁을 가능하게 만들며, 브랜드 프리미엄 형성에도 도움을 준다.

## 2-3. 상표·브랜드와 평판

이미 알려진 이름, 신뢰받는 평판, 축적된 팔로워는 곧바로 매출로 연결될 수 있는 강점이다. 유명 셰프의 이름이 걸린 식당, 팔로워가 많은 인플루언서가 운영하는 쇼핑몰은 '알려지지 않은 가게'보다 훨씬 쉽게 초기에 고객을 모을 수 있다. 프랜차이즈 창업이 꾸준히 선택되는 이유도 여기에 있다. 이미 구축된 브랜드 인지도와 신뢰를 빌려 쓸 수 있다는 점이 초보 창업자에게 큰 안전망이 되기 때문이다.

## 2-4. 생산원가 경쟁력

생산원가 경쟁력은 흔히 간과되지만 매우 현실적인 강점이다. 경쟁사보다 같은 품질의 제품을 더 싸게 만들 수 있다면, 가격 경쟁에서도, 마진 확보에서도 유리한 위치를 점할 수 있다. 원재료를 저렴하게 확보할 수 있는 공급망, 효율적인 생산 방식, 규모의 경제를 활용할 수 있는 네트워크 등은 모두 생산원가 경쟁력을 뒷받침하는 요소들이다.

예를 들어, 해외 공급처와 직접 거래해 원가를 20% 낮출 수 있는 의류 창업자는 같은 가격에 더 좋은 품질을 제공하거나, 같은 품질을 더 낮은 가격에 제공할 수 있다. 이는 곧 시장에서의 선택 가능성을 크게 넓혀 준다.

## 2-5. 유통망과 마케팅 채널

다음으로 중요한 것이 자체 유통망과 마케팅 채널이다. 이미 제품을 소개할 수 있는 블로그, 유튜브 채널, 인스타그램 계정, 뉴스레터 구독자, 또는 오프라인 매장 네트워크를 가지고 있다면, 그것 자체가 강력한 마케팅 자산이다. 새로운 사업을 시작할 때 가장 어려운 일은 "누군가에게 처음으로 알리는 것"이다. 그런데 이미 자신을 따르는 고객층, 메시지를 전달할 수 있는 채널, 제품을 올려둘 수 있는 판매망이 있다면, 초기에 들어가는 광고비와 시행착오를 크게 줄일 수 있다.

## 2-6. 충성 고객과 관계 자본

이미 자신을 신뢰하는 사람들, 다시 찾아오는 고객, 함께 일하고 싶어 하는 파트너가 있다면 그것 역시 강점이다. 이전 직장에서 쌓은 고객 관계, 커뮤니티에서 쌓인 신뢰, 기존 회원들의 지지가 모두 여기에 해당한다.
예를 들어, 한 피트니스 강사가 100명의 기존 회원을 가지고 있다가 독립해 스튜디오를 열고 이들이 상당수 함께 이동해 준다면, 그는 이미 안정적인 매출 기반을 가진 상태에서 출발하게 된다. 남들은 제로에서 시작할 때, 그는 "기존 관계"라는 깔끔한 강점을 안고 출발하는 셈이다.

**3단계 : 1인 창업과 프랜차이즈 창업, 강점의 모양이 다르다**

모든 창업이 같은 강점을 요구하는 것은 아니다. 1인 창업과 프랜차이즈 창업은 요구되는 자원과 구조가 다르고, 따라서 강조해야 할 강점도 달라진다.

### 3-1. 1인 창업의 강점

1인 창업은 말 그대로 혼자서 사업을 운영하는 형태다. 이 구조의 가장 큰 강점은 낮은 초기 비용과 높은 유연성이다. 직원이나 사무실 없이 노트북과 인터넷만으로 시작할 수 있는 비즈니스가 늘어나면서, 콘텐츠 제작, 온라인 강의, 디지털 제품 판매처럼 소규모로 시작해 점차 확장하는 모델이 각광받고 있다.

또 하나의 강점은 빠른 실행력이다. 조직의 승인 절차를 기다릴 필요 없이 오늘 떠오른 아이디어를 내일 바로 시장에서 시험해 볼 수 있다. 고객 반응이 좋지 않으면 빠르게 수정하고, 좋다면 곧바로 확장하면 된다. 이 민첩함은 대기업이나 프랜차이즈 조직이 따라 하기 어려운 1인 창업만의 무기다.

물론 그만큼 모든 의사결정과 리스크를 혼자 감당해야 하므로, 자기 관리 능력, 실행력, 학습 속도 같은 개인적 강점이 뒷받침되지 않으면 쉽게 번아웃에 빠질 위험도 있다.

### 3-2. 프랜차이즈 창업의 강점

프랜차이즈 창업은 이미 존재하는 브랜드의 가맹점이 되어 사업을 운영하는 방식이다. 이 방식의 핵심 강점은 브랜드 인지도와 시스템이다. 이미 대중에게 알려진 이름, 검증된 메뉴와 운영 매뉴얼, 본사의 교육과 지원 덕분에 초보 창업자도 일정 수준 이상의 운영을 비교적 빠르게 따라갈 수 있다.

브랜드 신뢰도 덕분에 초기 고객 유치가 훨씬 수월하고, 마케팅을 혼자 처음부터 설계할 필요도 적다. 그러나 로열티와 가맹비, 본사 정책에 따른 자율성제한 등은 감수해야 할 부분이다. 따라서 프랜차이즈 창업자에게 요구되는 강점은 완전히 새로운 것을 만드는 창의성보다는, 시스템을 성실하게 운영하고, 매뉴얼을 잘 지키며, 현장을 안정적으로 관리하는 실행력과 관리 역량에 가깝다.

### 4단계 : 상권·입지도 '나의 강점'이 될 수 있다

강점은 개인의 능력과 경험에만 머무르지 않는다. 창업자가 선택한 상권과 입지 역시 강점의 일부가 될 수 있다. 어떤 지역을 선택했는지, 그 지역의 인구 구조와 소득 수준, 소비 패턴은 무엇인지, 경쟁 점포는 어떤지 등을 분석하는 과정에서 "내 사업이 이곳에서 갖는 상대적 강점"이 드러난다.

### 4-1. 상권분석이 보여주는 숨은 강점

상권분석은 특정 지역의 경제적·사회적·인구학적 특성을 조사하는 작업이다. 이 과정에서 창업자는 "이 상권에서 내 아이템은 어떤 고객층에게, 얼마나 매력적인가"를 구체적으로 따져볼 수 있다.

예를 들어 고급 와인 바를 준비한다면, 해당 지역의 소득 수준과 라이프스타일이 중요한 변수다. 고소득층과 외식 문화가 발달한 지역이라면, 같은 아이템도 훨씬 강한 수요를 만난다. 반대로 영유아가 많은 주거 지역이라면 유아용품점, 키즈카페, 교육 서비스 등이 그 상권에서 더 큰 강점을 가질 수 있다.

## 4-2. 경쟁점포 분석과 경쟁력 지수

경쟁점포 분석은 주변에 이미 운영 중인 유사 업종 매장을 조사하고 비교하는 작업이다. 매장 면적, 인테리어 수준, 메뉴 구성, 가격, 서비스, 위치 등을 실제로 살펴보며 "내가 이들보다 잘할 수 있는 것은 무엇인가"를 찾는 과정이다. 이 과정에서 중요한 개념 중 하나가 경쟁력이다. 경쟁력은 단순히 "우리가 더 괜찮다"는 느낌이 아니라, 매출과 수익, 고객 흡인력으로 나타나는 실제 성과를 말한다. 어떤 점포가 같은 상권에서 더 작은 면적에도 더 높은 매출을 올리고 있다면, 그 점포는 분명한 경쟁력을 가지고 있는 것이다. 창업자는 경쟁점포들의 강·약점을 분석하며 자신의 사업이 어떤 방식으로 차별화될 수 있는지, 어떤 점에서 강점을 만들 수 있는지 구체적으로 설계해야 한다.

## 5단계 : SWOT 분석으로 강점을 구조화하라

막연한 느낌으로 "나는 이런 게 강점인 것 같다"고 말하는 것과, 체계적인 틀 속에서 자신의 강점을 정리해보는 것은 전혀 다른 일이다. 여기서 유용하게 쓸 수 있는 도구가 바로 SWOT 분석이다.

SWOT 분석은 내부 요인(강점·약점)과 외부 요인(기회·위협)을 교차해 보는 방법이다. 이 중 강점(Strength)은 내부의 긍정 요인, 즉 내가 통제할 수 있고, 경쟁사보다 우위에 있는 요소들이다.

창업자가 자신의 강점을 찾기 위해 던질 수 있는 질문들은 다음과 같다.

- 내가 그동안 쌓아 온 기술과 경험은 무엇인가.
- 경쟁사와 비교했을 때 내가 분명히 더 잘하는 부분은 무엇인가.
- 내가 활용할 수 있는 자원(자금·네트워크·시간·공간)은 어느 정도인가.
- 지금까지 쌓인 평판과 브랜드, 신뢰는 어느 정도인가.

이 질문에 답하다 보면, 흩어져 있던 경험과 자원이 "창업 강점"이라는 이름으로 재구성된다. 예를 들어, 5년간 웹디자인을 해 온 경력, 여러 온라인 프로젝트를 성공시킨 경험, 일정 수준의 초기 자금, 커뮤니티에서 쌓은 신뢰를 모두 모아 보면 "온라인 디자인 교육 플랫폼" 같은 매우 구체적인 창업 아이템이 자연스럽게 떠오를 수 있다.

## 6단계 : 냉정한 자기평가 없이는 강점도 독이 된다

강점을 찾는 과정에서 가장 조심해야 할 것은 스스로를 과대평가하거나, 반대로 과소평가하는 오류다. 많은 예비 창업자가 "내가 이건 좀 하니까 사업을 해도 되겠지"라는 막연한 자신감에 기대어 뛰어든다. 하지만 창업은 특정 역량 하나만으로 버틸 수 있는 게임이 아니다.

### 6-1. 과대평가의 함정

"내가 요리를 잘하니 음식점은 당연히 성공할 것"이라는 생각은 위험하다. 음식점 운영에는 요리 외에도 재무 관리, 직원 관리, 고객 대응, 위생과 안전, 마케팅 등 수많은 요소가 필요하다. 한 영역에서의 뛰어난 실력이 다른 영역의 부족함을 모두 덮어 주지는 않는다.

또한 주변 사람들의 칭찬에 과도하게 기대는 것도 경계해야 한다. 가족과 친구의 "넌 음식 진짜 잘해, 가게 하면 대박 날 거야"라는 말은 진정성 있는 응원이지만, 사업성 검토와는 별개의 이야기일 수 있다.

## 6-2. 과소평가의 함정

반대로 자신의 강점을 과소평가하는 사람도 많다. 오랜 직장 생활에서 쌓은 경험, 사람들과의 신뢰 관계, 특정 분야에서의 작은 성공 경험을 "별거 아니다"라고 넘겨버리는 것이다. 하지만 창업의 관점에서 보면, 이런 경험과 관계 자본이야말로 다른 사람들이 쉽게 따라 하기 어려운 강점일 수 있다.

## 6-3. 객관성을 높이는 세 가지 방법

자기평가의 객관성을 높이기 위해 활용할 수 있는 방법은 크게 세 가지다. 첫째, 주변 사람들의 의견을 체계적으로 듣는 것이다. 직장 상사, 동료, 고객, 오랫동안 자신을 지켜본 친구에게 "내가 잘하는 것과 부족한 점이 무엇인지"를 구체적으로 물어보자. 둘째, 과거 성과를 분석하는 것이다. 성공했던 프로젝트와 실패했던 프로젝트를 나열해 보고, 각 상황에서 자신이 맡았던 역할과 기여를 적어보면 "말로만 강점"이 아니라 "실제로 입증된 강점"이 무엇인지 더 분명하게 드러난다. 셋째, 시장의 피드백을 확인하는 것이다. 실제 고객에게 제품이나 서비스를 보여주고, "경쟁사와 다른 점이 무엇인지, 무엇이 좋았고 무엇이 아쉬웠는지"를 묻다 보면 내가 생각한 강점과 시장이 느끼는 강점 사이의 간극을 확인할 수 있다.

# 5장

# 2026년 창업 시장

## 5.1 시장의 변화

2026년의 창업 시장은 단순히 '아이템이 무엇이냐'의 문제가 아니다. 지금 벌어지는 변화는 매장의 간판을 바꾸는 수준이 아니라, 창업이라는 행위의 구조 자체를 다시 짜는 흐름에 가깝다. 인건비 상승, 구인난, 소비 트렌드의 급변, 인구구조의 변화, 기술의 대중화가 한꺼번에 겹치면서 "옛날 방식대로는 더 이상 버티기 어렵다"는 사실이 점점 더 분명해지고 있다.

## 창업 환경의 구조적 변화

### 인건비 상승과 구인난

- 최저임금의 지속적 인상으로 인건비 부담 증가
- 4대 보험, 퇴직금 등 추가 비용 부담
- 소규모 점포에서 직원 고용이 '도박'에 가까운 상황

### 소비 트렌드의 급변

- 코로나19 이후 비대면·배달 문화 정착
- 건강과 웰빙 중심으로의 소비 이동
- 1인 가구 증가에 따른 소비 패턴 변화

### 인구구조 변화

- 1인 가구 비율의 지속적 증가
- 고령화 사회 진입으로 인한 소비층 변화
- 젊은 세대의 소비 패턴과 가치관 변화

### 기술의 대중화

- 키오스크, 자동 결제 시스템의 보편화
- AI 기반 관리 시스템의 접근성 향상
- '옛날 방식대로는 더 이상 버티기 어렵다'는 인식 확산

예전에는 동네 식당, 카페, 편의점이라면 자연스럽게 직원을 두고 운영하는 모델을 떠올렸다. 하지만 최저임금의 지속적인 인상과 함께, 사람을 구하기조차 힘든 현실이 겹치면서 이 전제가 깨지고 있다. 인건비는 오르고, 구직자

는 줄고, 특히 소규모 점포 입장에서는 직원 한 명을 고용하는 결정이 점점 더 '도박'에 가까워지고 있다.

월급만 문제가 아니다. 4대 보험, 퇴직금, 각종 수당까지 고려하면, 직원 한 명이 매달 가져가는 비용은 매출의 상당 부분을 잠식한다. 장사가 조금만 흔들려도 '사장보다 직원이 더 많이 가져간다'는 체감이 생길 수밖에 없다.

## 원맨테크(One-Man Tech)의 부상

### 원맨테크의 개념과 등장 배경
- 한 사람이 여러 사람 몫의 생산성을 내도록 돕는 기술
- 인건비 상승과 구인난이 원맨테크 확산의 주요 동인
- 과거 대형 프랜차이즈만 사용하던 기술의 대중화

### 키오스크, 자동 결제, 무인 출입 시스템
- 주문부터 결제까지 자동화하는 키오스크 시스템
- QR코드, 모바일 결제 등 무인 결제 시스템
- 출입 관리 및 보안을 자동화하는 무인 시스템

### AI 기반 관리 시스템
- 재고 관리, 매출 분석을 자동화하는 AI 솔루션
- 클라우드 기반 POS 시스템의 확산
- 데이터 기반 의사결정 지원 시스템

### 기술 도입의 필요성
- '기술을 쓰지 않으면 사업 모델이 성립하지 않는' 상황
- 소비자의 비대면 선호 증가에 대응
- 인력 의존도를 낮추고 운영 효율성 극대화

이런 상황에서 자연스럽게 부상한 개념이 바로 '원맨테크(One-Man Tech)'다. 한 사람이 여러 사람 몫의 생산성을 내도록 돕는 각종 기술, 즉 키오스크, 자동 결제, 무인 출입 시스템, 간편 배달·포장 솔루션, AI 기반 관리 시스템들이 빠르게 창업 현장으로 내려오고 있다. 과거에는 대형 프랜차이즈나 대기업만 쓰던 솔루션이 이제 개인 점포의 선택지가 된 것이다.

이 변화는 "사람 대신 기계를 쓰자"는 단순한 계산이 아니다. 인력을 구하기 어려운 구조, 인건비 상승, 소비자들의 비대면 선호가 겹치면서, 창업자 입장에서는 "기술을 쓰지 않으면 아예 사업 모델이 성립하지 않는" 상황이 늘어나고 있다.

이런 압력 속에서 무인 창업은 2026년 가장 상징적인 키워드가 됐다. 예비 창업자들을 대상으로 한 조사에서 무인 업종이 성장 가능성이 가장 높은 분야로 꼽히는 비율이 30%대를 넘는 것도 우연이 아니다. 인건비 부담이 거의 없고, 24시간 운영이 가능하며, 운영 구조가 단순하다는 특성은 지금의 시장 현실과 정확히 맞물린다. 무인 세탁소, 무인 편의점, 아이스크림 할인점, 인형뽑기 매장 같은 사례들은 단순히 "신기한 가게"가 아니다. 이들은 공통적으로 상시 인력이 필요 없고, 심야·주말 포함 장시간 영업이 가능하며,운영 매뉴얼이 비교적 단순해 1인 관리가 용이하다는 점에서 현재 창업자들의 요구(리스크 최소화, 인건비 절감, 유연한 운영)와 정확히 맞아떨어진다.

## 무인 창업의 확대

### 무인 업종의 성장 가능성
- 예비 창업자 조사에서 30%가 무인 업종을 유망 분야로 선택
- 기술 발전으로 무인 운영의 안정성 향상
- 소비자의 무인 서비스 수용도 증가

### 무인 창업의 장점
- 인건비 부담 최소화 및 24시간 운영 가능
- 운영 구조의 단순화로 관리 효율성 증대
- 1인 관리가 용이한 비즈니스 모델

### 대표적 무인 창업 사례
- 무인 세탁소, 무인 편의점
- 무인 아이스크림 할인점, 인형뽑기 매장
- 무인 스크린 스포츠 시설

### 무인 창업의 고려사항
- 초기 장비 투자 비용과 유지보수 비용
- 도난·파손 리스크와 대응 방안
- 상권에 따른 수요 차이와 입지 선정의 중요성

물론 무인이라고 해서 고민이 없는 것은 아니다. 초기 장비 투자, 도난·파손 리스크, 상권에 따른 수요 차이 등은 여전히 치밀한 분석이 필요한 영역이다. 그럼에도 불구하고 "직원을 구하기도 어렵고, 인건비도 감당하기 어려운" 현실에서, 무인 모델은 더 이상 주변부가 아니라 주류 옵션으로 편입되고 있다.

공급 측의 고민만 바뀐 것이 아니다. 소비자들의 라이프스타일도 창업 시장을 강하게 끌고 간다. 코로나19를 거치며 비대면·배달 문화가 깊게 뿌리내렸고, 바쁜 일상 속에서 시간을 아끼려는 욕구는 계속 커지고 있다.

그 결과 배달 전문점, 포장 특화 매장, 작은 주방에 집중 투자해서 오프라인 공간을 최소화하는 모델들이 늘고 있다. 임대료와 인건비라는 두 개의 큰 고정비를 줄이는 동시에, 소비자가 원하는 '편리함'을 정면으로 파고드는 전략이다.

흥미로운 것은 예비 창업자들이 2026년 창업 시장을 한 단어로 요약해달라는 질문에 '가성비'를 가장 많이 꼽았다는 점이다. 여기서의 가성비는 단순히 "싸야 한다"가 아니라, "내가 지불하는 돈에 비해 충분한 효용을 느끼고 싶다"는 감각이다.

이 감각은 창업자에게도 똑같이 적용된다. 예비 창업자의 상당수가 1억 원 미만, 특히 5천만 원 이하의 자본으로 창업을 계획하고 있다는 수치가 보여주듯, 이제 창업의 기본 전략은 "크게 벌이는 것"이 아니라 "작게 시작해 견고하게 버티는 것"으로 이동하고 있다. 투자 대비 효율, 리스크 대비 회수 가능성이 그 어느 때보다 중요한 시대다.
소비 키워드의 축 이동도 뚜렷하다. 먼저 건강과 웰빙이 중심으로 올라왔다.

저칼로리, 저당, 비건, 고단백, 기능성 간식 등은 더 이상 일부 마니아층의 영역이 아니다. 건강 의식을 갖춘 MZ세대와 중산층 이상 소비자들이 이 시장을 적극적으로 키우고 있다. 비건 레스토랑, 저당 디저트, 단백질 간식 브랜드 같은 아이템은 "맛있기만 한 것"을 넘어 "몸에 덜 미안한 것"을 찾는 심리에 올라탄 사례들이다.

## 소비자 라이프스타일 변화와 창업 트렌드

### 비대면·배달 문화의 정착

- 코로나19 이후 비대면 소비 방식의 일상화
- 배달 앱 사용의 보편화와 시장 확대
- 대면 접촉 최소화에 대한 소비자 선호

### 시간 절약 욕구 증가

- 바쁜 일상 속 시간 효율성 추구 경향 강화
- 기다림 없는 서비스에 대한 수요 증가
- 편리함을 최우선 가치로 두는 소비 패턴

### 배달 전문점과 포장 특화 매장의 성장

- 오프라인 매장 없이 배달만 전문으로 하는 모델
- 포장 고객을 위한 동선과 시스템 최적화
- 배달·포장 특화 메뉴 개발 트렌드

### 오프라인 공간 최소화 전략

- 주방 공간에 집중 투자하는 '다크키친' 모델
- 임대료와 인건비 절감을 위한 공간 축소
- 소비자 편리함과 운영 효율성을 동시에 추구

여기에 1인 가구의 증가는 또 다른 축을 형성한다. 혼자 사는 사람이 많아질수록, "한 사람이 부담 없이 소비할 수 있는 사이즈와 가격"을 제공하는 1인 메뉴 창업이 유리해진다. 1인 라면집, 1인 스테이크, 1인 피자 등은 그런 변화를 상징적으로 보여준다. 혼밥을 두려워하지 않는 문화, 혼자라도 괜찮다는 정서가 창업 아이템의 형태를 바꾸고 있는 것이다.

또 하나 빼놓을 수 없는 것은 온라인 기반 비대면 창업의 확대다. 온라인 쇼핑몰, 온라인 클래스, 디지털 콘텐츠(전자책, 템플릿, 강의자료 등) 판매는 공간 제약과 인력 의존도를 크게 줄여 준다. 재고 부담이 없는 디지털 제품은 특히 "적은 자본으로 시작해 천천히 크고 싶은" 창업자들에게 매력적이다. 시간과 장소를 자유롭게 설계하면서 수익을 만들 수 있다는 점은, 직장을 병행하거나 육아·돌봄과 병행하며 창업하려는 사람들에게도 중요한 선택지를 제공한다.

## 창업자 세대 교체의 영향

### 고학력·고스펙 2030세대

- 젊은 세대의 창업 시장 적극 진입
- 전문 지식과 디지털 역량 보유
- 트렌드 감각과 소비자 이해도 높음
- 글로벌 시장 지향성
- 새로운 기술 수용성 높음

### 생계형에서 성장형으로

- 과거: 생계 유지 목적의 창업
- 현재: 성장과 확장 추구
- 단순 수익보다 비즈니스 모델 중시
- 투자 유치와 스케일업 계획
- 브랜드 가치 구축 중시

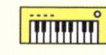

### 확장 지향적 목표

- 다점포 확장 전략 수립
- 브랜드 아이덴티티 구축
- IP(지식재산) 확보 및 활용
- 프랜차이즈화 가능성 모색
- 온·오프라인 통합 전략

### 정보 비대칭 감소

- 온라인 커뮤니티 통한 정보 공유
- 창업 관련 데이터 접근성 향상
- 선배 창업자 경험 공유 활성화
- 시장 트렌드 빠른 파악
- 실패 사례 학습 기회 증가

시장 구조 못지않게 중요한 변화는 창업자 자체의 세대 교체다. 과거 자영업의 상당 부분은 정년퇴직 후 생계를 위해, 혹은 다른 선택지가 마땅치 않아 시작하는 중장년층의 몫이었다. 이들에게 창업은 "한 가게를 꾸려 먹고 사는 것"이 목표였다.

이제 판이 달라졌다. 고학력·고스펙의 2030세대가 창업 시장으로 적극 진입하면서, 지향점은 '생계형'에서 '성장형'으로 이동하고 있다. 이들은 한 매장을 지키는 것을 넘어, 다점포 확대, 브랜드 론칭, IP(지식재산) 확보까지 바라본다. 경영·재무·마케팅에 대한 기본 이해도가 높고, 각종 온라인 커뮤니티와 네트워크를 통해 정보 비대칭을 줄이는 데도 능숙하다.

이러한 세대의 등장은 시장 전체에 압력을 준다. 더 세련된 브랜드, 더 치밀한 데이터 기반 마케팅, 더 효율적인 운영 방식이 빠르게 확산되면서, "그냥 오래 했으니까" 버티던 가게들이 경쟁력을 잃기 쉽다. 동시에, 이 젊은 창업자들이 새로운 기술과 트렌드를 실험하면서 한국 창업 생태계의 역동성을 키우고 있는 것도 사실이다.

숫자만 보더라도 지금의 흐름은 분명하다. 예비 창업자의 상당수가 1억 원 미만, 그중에서도 5천만 원 이하 자본으로 창업을 계획한다는 것은, "규모의 경제"보다 "리스크 관리"를 우선순위에 두겠다는 뜻이다. 고금리, 불확실한 경기, 인구 감소를 고려할 때, 큰 빚을 내서 큰 매장을 여는 전략은 점점 더 부담스러운 선택이 되고 있다.

여기서 자동화 기술의 대중화가 핵심 역할을 한다. 저렴해진 키오스크, 보편화된 스마트 결제, 클라우드 기반 POS, 간단한 AI 재고·매출 분석 툴 등은 개인 창업자에게도 '작고 효율적인 시스템'을 구축할 수 있는 길을 열어 주었다. 혼자서도 여러 사람의 역할을 해내는, 말 그대로 '작지만 강한 매장'을 가능하게 하는 기반이다.

그럼에도 흥미로운 점은, 예비 창업자들이 "가장 유망한 업종"으로는 무인을 꼽으면서도 실제 관심 업종으로는 여전히 커피를 1위로 선택한다는 사실이다. 머리로는 무인과 비식음 서비스의 성장성을 이해하지만, 실제 실행 단계에서는 대중적으로 익숙하고 진입 장벽이 낮아 보이는 업종으로 발길이 향하는 것이다. 이는 "변화의 필요성을 인식하면서도, 익숙한 길에서 크게 벗어나지 못하는" 창업자들의 심리를 보여준다.

2026년 한국 창업 시장을 관통하는 메시지는 결국 이 한 문장에 들어 있다. "크게 시작하는 사람이 아니라, 작게 시작해도 끝까지 버티는 사람이 남는다."

## 자동화 기술의 대중화와 영향

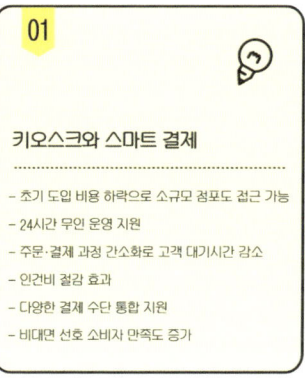

**01 키오스크와 스마트 결제**

- 초기 도입 비용 하락으로 소규모 점포도 접근 가능
- 24시간 무인 운영 지원
- 주문·결제 과정 간소화로 고객 대기시간 감소
- 인건비 절감 효과
- 다양한 결제 수단 통합 지원
- 비대면 선호 소비자 만족도 증가

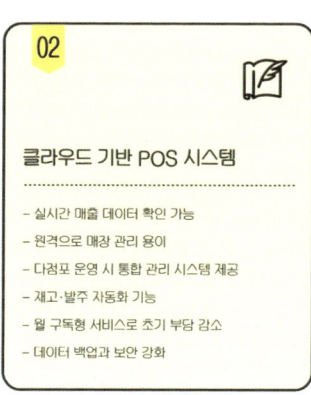

**02 클라우드 기반 POS 시스템**

- 실시간 매출 데이터 확인 가능
- 원격으로 매장 관리 용이
- 다점포 운영 시 통합 관리 시스템 제공
- 재고·발주 자동화 기능
- 월 구독형 서비스로 초기 부담 감소
- 데이터 백업과 보안 강화

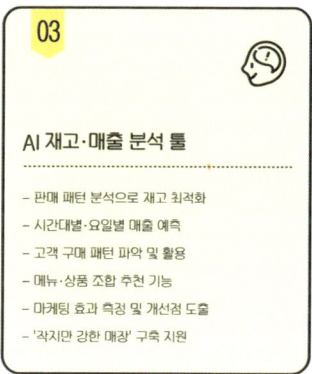

**03 AI 재고·매출 분석 툴**

- 판매 패턴 분석으로 재고 최적화
- 시간대별·요일별 매출 예측
- 고객 구매 패턴 파악 및 활용
- 메뉴·상품 조합 추천 기능
- 마케팅 효과 측정 및 개선점 도출
- '작지만 강한 매장' 구축 지원

인건비와 구인난, 인구 감소, 소비 트렌드의 변화, 기술의 대중화라는 거대한 흐름 속에서, 창업자는 더 이상 "예전처럼 하면 된다"는 말을 믿을 수 없다. 기술을 활용해 효율성을 끌어올리고, '편리함·건강·개인화'를 중시하는 소비자 심리를 읽어야 하며, 소자본·실속형 구조로 리스크를 관리할 줄 알아야 한다.

이 모든 변화를 유행처럼 스쳐 지나가는 '아이템 트렌드'로 볼 것인지, 앞으로 10년을 지배할 '환경의 변화'로 볼 것인지는 전적으로 예비 창업자의 몫이다. 다만 한 가지는 분명하다. 환경이 이렇게까지 바뀌었는데, 나만 예전 방식에 머무를 수는 없다는 것, 그것이야말로 2026년 창업 시장이 우리에게 건네는 가장 날카로운 경고다.

## 5.2 향후 20년의 나의 모습은?

향후 20년의 나를 그려보는 일은 거창한 자기 위로나 추상적인 상상이 아니다.

창업가에게 20년 비전은 "돈이 되느냐, 안 되느냐"를 넘어 "나는 어떤 사람이 되어 무엇을 이루고 싶은가"를 묻는, 매우 현실적인 경영 도구에 가깝다. 오늘 당장의 매출과 생존에 쫓기다 보면, 1~2년만 지나도 방향 감각을 잃기 쉽다. 이때 멀리 20년 뒤를 바라보는 비전은 길을 잃지 않기 위한 나침반이 된다.

### 1) 왜 '20년 후의 나'를 그려야 하는가

창업 초기에 대부분의 시간은 제품 개발, 자금 조달, 마케팅, 운영에 빨려 들어간다. 정신없이 1~2년을 지나고 나면 "처음에 내가 뭘 하려고 했지?"라는 허무함이 찾아오기 마련이다. 이 지점에서 비전의 유무가 갈린다. 비전이 있는 팀은 이 질문을 계기로 더 깊이 성장하지만, 비전이 없는 팀은 흔들리다가 그대로 흩어지기 쉽다.

연구들도 이런 현상을 뒷받침한다. 조직 구성원들이 조직의 비전을 명확하고 설득력 있게 인식할수록, 변화에 대한 태도는 긍정적으로 변하고, 몰입과 성과가 높아진다는 결과가 반복적으로 확인된다. 방향이 분명해야 에너지가 분산되지 않고, 위기가 와도 "우리가 어디로 가는 팀인지"를 기억할 수 있기 때문이다.

---

## 20년 비전의 필요성

**일상에 매몰된 방향 감각**
- 창업 초기에는 대부분의 시간이 일상 업무에 빨려듦
- 정신없이 1~2년을 지나면 방향 감각 상실
- 초기의 열정과 목적을 잊기 쉬움

**길을 잃지 않기 위한 나침반**
- 20년 비전은 창업가의 나침반 역할
- 단기적 유혹과 일시적 유행에 휘둘리지 않게 함
- 위기 상황에서도 방향성 유지 가능

**비전이 있는 팀과 없는 팀의 차이**
- 비전이 있는 팀: 위기를 성장 기회로 전환
- 비전이 없는 팀: 흔들리다 흩어지기 쉬움
- 명확한 비전이 조직 몰입도와 성과 향상

**창업 초기의 현실적 어려움**
- 제품 개발, 자금 조달, 마케팅, 운영 등 당면 과제에 집중
- 생존을 위한 단기적 의사결정이 반복됨
- 창업 초기에는 모든 것이 긴급하고 중요하게 느껴짐
- 장기적 관점을 유지하기 어려운 환경
- 매일의 업무에 매몰되어 큰 그림을 잃기 쉬움
- 단기 성과에 집착하게 되는 환경

**'처음에 내가 뭘 하려고 했지?'**
- 1~2년이 지나면 초기의 열정과 목적의식이 희미해짐
- 창업 초심을 잃고 단순 생존에 집중하게 됨
- 이 질문이 찾아올 때 비전의 유무가 중요해짐
- 비전이 있으면 초심으로 돌아갈 수 있는 기준점이 됨
- 비전이 없으면 방향성 없이 표류하게 됨
- 팀원들도 '우리가 왜 이 일을 하는지' 의문을 갖게 됨

**비전이 조직에 미치는 영향**
- 구성원이 비전을 명확히 인식할수록 변화에 긍정적
- 비전 공유가 조직 몰입도와 성과를 높인다는 연구 결과
- 방향이 분명할 때 에너지가 분산되지 않음
- 위기 상황에 '우리가 어디로 가는 팀인지' 기억 가능
- 비전이 구성원들의 의사결정 기준이 됨
- 장기적 관점에서 일관된 행동 방향 제시

---

20년이라는 시간축을 잡는 이유는 여기에 있다. 3~5년은 주로 "매출 얼마, 직원 몇 명, 서비스 몇 개" 같은 실무 목표가 중심이 된다. 반면 10년, 20년은 "나는 어떤 영향력을 가진 사람이고, 우리 회사는 세상에 어떤 변화를 남겼는가"를 묻는 시간이다. 사업의 성과와 나의 삶, 가치관이 자연스럽게 연결되는 구간이기도 하다.

### 7) 20년 비전은 '숫자'가 아니라 '정체성'이다

많은 기업이 "비전 2030", "비전 2040" 같은 선언을 한다. 그러나 그중 상당수는 연례행사처럼 슬로건만 바꿔 달뿐, 구성원에게는 아무 의미가 없다. 이유는 간단하다. 비전이 매출 목표나 시장점유율 같은 숫자에만 머물러 있기 때문이다. 진짜 비전은 숫자보다 정체성에 가깝다.
- "우리는 어떤 가치를 가장 중요하게 여기는 사람들인가."

● "이 회사와 나는, 20년 뒤 어떤 문제를 해결한 사람으로 기억되고 싶은가."

이 질문에 대한 답이 비전의 출발점이다. 국내외 여러 사례에서도, 장기 비전이 성공적으로 작동한 조직들은 공통적으로 "우리가 세상에 왜 존재하는지"에 대해 매우 선명한 그림을 갖고 있었다. 알리바바나 글로벌 IT 기업들이 초기에 "20년 안에 어떤 회사가 될 것인지"를 선언하고, 그 방향에 맞게 전략과 자원을 배치해 온 것 역시 같은 맥락이다.

창업가 개인에게도 마찬가지다. 20년 비전은 "재산 얼마, 건물 몇 채"가 아니라, "어떤 방식으로 세상과 관계 맺으며 살아갈 것인가"에 대한 자기 선언이다. 이 선언이 분명할수록, 눈앞의 유혹이나 일시적 유행에 휘둘릴 가능성은 줄어든다.

### 3) 나만의 20년 비전을 그리는 실전 질문들

사설이지만, 여기서 한 걸음 더 나가 실제로 독자가 20년 비전을 그려볼 수 있는 질문들을 던져보자. 이 질문들에 답하는 과정이 곧 "향후 20년의 나의 모습"을 구체화하는 작업이 된다.

### 3-1 나는 어떤 가치를 포기하지 않고 싶은가?

수많은 스타트업과 중소기업이 MVC, 즉 미션·비전·핵심가치를 세트로 정리하는 이유는, 조직의 행동 기준을 분명히 하기 위해서다. 잇그린 같은 사례에서도 팀원들이 '환경, 고객, 성장, 책임, 존중, 전문성'이라는 여섯 가지 핵심가치를 직접 뽑고, 그 위에 미션과 비전을 세웠을 때 조직이 한 방향으로 움직이기 시작했다. 개인도 마찬가지다. "정직", "자유", "지속 가능성", "영향력"처럼 나에게 정말 중요한 가치를 3~10개 뽑고, 그중 최우선 순위를 정해 보는 것부터 시작해야 한다.

### 3-2 나는 왜 이 일을 하려 하는가?

미션은 "왜 하는가"에 대한 답이다. 지금 하고 있는(또는 하려는) 창업이 세상에 어떤 변화를 만들었으면 하는지, 한 문장으로 적어보자. "많은 사람들이 환경 문제에 쉽게 참여하도록 돕는 서비스", "지역 소상공인을 디지털로 연결해 오래 버티게 하는 플랫폼"처럼 구체적일수록 좋다. 이 문장은 20년 비전의 뿌리가 된다.

### 3-3 20년 후, 나는 어떤 장면 속에 서 있는가?

여기서부터가 본격적인 비전의 영역이다. 5년 후가 아니라 20년 후를 상상해 보자. 그때의 나는

- 어떤 분야에서 전문가 혹은 리더로 불리고 있는지,
- 어떤 고객·사용자들이 나의 일을 이야기하고 있는지,
- 하루 일과가 어떻게 구성되어 있는지,
- 주변에는 어떤 동료와 후배들이 있는지,를 구체적으로 그려보는 것이다.

"환경과 기후 문제 해결에 기여하는 기술 기업의 창업자로, 20년 동안 1억 명이 탄소 배출을 줄이는 데 기여한 사람." "소상공인과 프리랜서를 돕는 플랫폼을 만들어, 수많은 사람들이 '당신 덕분에 버텼습니다'라고 말하는 생태계를 만든 사람."

이처럼 "어떤 임팩트를 남긴 사람으로 기억되고 싶은가"라는 문장으로 바꾸면, 비전은 훨씬 생생해진다.

### 3-4 그 비전을 향해 지금 3년 안에 할 수 있는 일은 무엇인가?

장기 비전이 공허한 구호로 끝나지 않으려면, 반드시 "현재와 연결되는 다리"가 필요하다. 기업 비전 연구에서도, 장기 비전을 5년 단위 전략과 매년의 실행 과제로 잘게 쪼개야 비전의 실현 가능성이 높아진다고 강조한다. 개인도 똑같다.

예를 들어 "20년 후, 나는 아시아 1위 그린테크 기업의 창업자"라는 비전을 세웠다면,

- 향후 3년 안에 어떤 기술 역량을 확보해야 하는지,
- 어떤 시장과 고객군을 먼저 공략해야 하는지,
- 어떤 네트워크와 파트너십을 만들어야 하는지같은 전략 과제를 적어보는 것이다. 비전이 구체적인 행동 계획을 낳을 때, 비로소 그것은 "꿈"이 아니라 "전략"이 된다.

비전은 혼자만의 문장이 아니라 함께 가는 약속이다

### 3-5 마지막으로, 창업가가 그리는 20년 비전은 더 이상 개인 일기장 속 문장이 아니다.

투자자, 직원, 파트너, 고객 모두가 이 비전을 보고 "이 여정에 함께 탈지 말지"를 결정한다. 작은 조직일수록 MVC, 즉 미션·비전·핵심가치가 필요하다는 지적은 바로 이 때문이다.

조직비전 연구들은, 구성원들이 비전을 명확하게 이해하고 공감할수록 변화에 더 적극적으로 참여하고, 조직몰입과 성과가 높아진다고 말한다. 창업가가 20년 비전을 진심으로 고민하고, 언어로 정리해, 행동으로 보여줄 때 비전은 팀 전체의 에너지로 확장된다.

결국 "향후 20년의 나의 모습은?"이라는 질문은,

- 나는 어떤 가치를 지키며,
- 어떤 문제를 해결하고,
- 어떤 사람들과,
- 어떤 방식으로 살아가고 싶은가를 묻는 질문이다.

이 질문에 대한 답을 오늘부터 한 줄, 한 단어씩 적어 내려가는 사람과, "나중에 잘 되면 그때 생각하지"라고 미루는 사람 사이에는 20년 후 엄청난 격차가 벌어질 것이다. 지금 그 차이를 만드는 첫 문장을 쓰는 일, 그것이 바로 창업가로서의 20년 비전을 세우는 출발점이다.

6장

사업 실전

## 6.1 사업의 시작

대부분의 사람들은 창업을 떠올릴 때 먼저 아이템부터 찾는다.

"무엇을 하면 돈이 될까?", "요즘 뭐가 뜨지?" 같은 질문으로 인터넷을 뒤지
고, 유튜브를 보고, 주위 사람들에게 묻는다.
내가 하고 싶은 것은 무엇인가?
내가 준비된 것은 무엇인가?
20년 뒤의 나를 어떤 모습으로 그리는가?

## 사업의 시작: 자기 성찰의 중요성

**창업의 출발점은 '나'에서 시작**
- 대부분의 사람들은 '무엇을 하면 돈이 될까?'부터
  고민
- 하지만 진정한 출발점은 자기 자신을 바라보는 것
- '나'라는 단어가 사업의 중심에 있어야 함
- 사업은 시험처럼 정답이 있는 문제가 아님
- 시작부터 끝까지 책임지는 사람은 결국 나 자신
- 자신을 정면으로 바라보지 않으면 사업은 쉽게 방
  향을 잃음
- 아이템보다 자신의 정체성이 먼저

**핵심 질문이 사업의 방향을 결정**
- 내가 하고 싶은 것은 무엇인가?
- 내가 끄비된 것은 무엇인가?
- 20년 뒤의 나를 어떤 모습으로 그리는가?
- 이 세 가지 질문은 창업 과정 전체를 관통하는 핵심
- 진짜로 오래 붙잡고 싶은 일은 무엇인지 고민
- 그 일을 할 만큼 준비된 역량과 자원은 무엇인지 파
  악
- 20년 동안 이어갔을 때의 모습을 그려보기

겉으로 보기엔 단순한 세 줄이지만, 이 질문은 창업 과정 전체를 관통하는 핵심이다. "시장이 좋다더라"는 이야기보다 먼저, 나 자신을 정면으로 바라보라는 요구이기 때문이다. 내가 진짜로 오래 붙잡고 싶어 하는 일은 무엇인지, 그 일을 할 만큼 준비된 역량과 자원은 무엇인지, 그리고 이 일을 20년 동안 이어 갔을 때 나는 어떤 사람이 되어 있을지를 묻지 않고 시작한다면, 사업은 쉽게 방향을 잃는다.

창업은 시험처럼 "정답"이 있는 문제가 아니다. 사업의 출발점도, 마지막까지 책임을 지는 사람도 결국 "나!" 자신이다.

"어떻게 시작해야 하나?"라는 질문 밑에 등장하는 단어는 바로 법인이다. 개인사업자와 법인사업자 두가지 방법이 있는데 회사각 크게 키우기 위해서는 처음부터 법인사업자로 시작하는 것이 좋다.

법인사업자도 유한회사 주식회사, 사단법인 등 다양한 형태의 법인 사업자가 있지만 본 책에서는 가장 일반적인 주식회사를 기반으로 설명한다. 법인 사업자란 법적인 사람으로 사람이 태어나면 출생 신고를 하듯 법인을 만들 때 출생신고를 하는 것이다. 사람은 행복센터에 신고하지만 법인은 상업등기소에 설립신고를 한다. 차이점이 있다면 사람은 출생이후의 인생에 대해서는 알수없지만 법인은 설립이후의 성장과정(크기 하는 질 등)을 미리 정해서 설립을 하게된다. 그런 것들이 정리된 것이 정관이다. 물론 성장하다가 정관은 주주총회를 통해서 수정이 가능하다.

이 단계에서 대충 넘어가면 나중에 치명적인 문제가 생긴다. 정관에 어떤 조항이 들어갔는지, 발기인·주주의 권한이 어떻게 나뉘는지, 법인 설립 과정에서 어떤 서류들이 정확히 준비됐는지 모르면, 나중에 지분 분쟁이나 의사결정 갈등이 벌어질 때 대응할 수 없다

.

다음은 이사회의 구성 구성에 대한 예이다.

- 단독이사
- 이사 1 / 감사 1
- 이사 2 / 감사 1
- 이사 3 / 감사 1
- 이사 3 / 사외이사 1 / 감사 1
- 이사 5 / 사외이사 2 / 감사 1

# 이사회 구성의 유형과 선택

### 단독이사

- 의사결정이 빠르고 효율적
- 초기 스타트업에 적합한 구조
- 창업자의 비전을 일관되게 실행 가능

### 이사 2인 이상 구성

- 이사 1 / 감사 1
- 이사 2 / 감사 1
- 이사 3 / 감사 1
- 이사 3 / 사외이사 1 / 감사 1
- 이사 5 / 사외이사 2 / 감사 1

### 단독이사 추천 이유

- 현행법으로 3억까지는 단독이사로 설립 가능
- 대부분의 창업자들은 영세하게 출발하므로 단독이사 추천
- 의사결정 과정이 간소화되어 초기 운영에 효율적

### 책임소재와 관련된 주의사항

- 단독이사의 경우 외사에 문제 발생 시 책임소재를 물을 수 있음
- 누가 의사결정을 하고, 누가 감시하는지 명확히 해야 함
- 작은 스타트업이라도 최소한의 지배구조 고민 필요

이건 단순히 숫자 놀음이 아니다. 누가 의사결정을 하고, 누가 감시를 하며, 외부의 시선(사외이사)을 어디까지 받아들일지에 대한 선택이다. 작은 스타

트업이라고 해서 형식이 필요 없다는 생각은 위험하다. 처음부터 최소한의 지배구조를 고민한 회사와, "그냥 우리끼리 알아서 하자"로 시작한 회사는 3년, 5년이 지나면 전혀 다른 길을 간다. 하지만 대부분의 창업자들은 영세하게 출발하므로 단독이사를 추천한다. 현행법으로 3억까지는 단독이사로 설립이 가능하다. 다만 단독이사의 경우 나중에 회사에 문제가 발생했을 때 책임소재를 물을 수 있어 조심해야한다.

그러면 지분구조는 어떻게 하면 좋을까? "1 : 1 : 1"이 정말 공평한가?
지분 구조 예시는 더 직접적이다.1 : 1 : 1 동등 분배(3명 기준)

- 40% : 30% : 30%
- 50% : 25% : 25%
- 60% : 20% : 20%
- 60% : 30% : 10%
- 100% 단독 소유

## 지분 구조의 설계

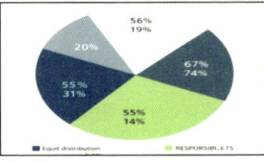

**1:1:1 동등 분배의 함정**
- '우리 셋이니까 그냥 1:1:1로 나누자'는 접근은 위험
- 당장은 공평해 보이지만 실제로는 기여도가 다름
- 나중에 지분을 고치려면 관계가 틀어지기 쉬움

**다양한 지분 구조 예시**
- 40% : 30% : 30%
- 50% : 25% : 25%
- 60% : 20% : 20%
- 60% : 30% : 10%
- 100% 단독 소유

**기여·역할·책임에 따른 설계**
- 처음부터 기여·역할·책임을 기준으로 지분 설계
- 누가 최종 결정을 내릴 것인지 고려
- 누가 더 많은 리스크를 질 것인지 반영

**과점 주주(50% 이상)의 장점**
- 책임소재가 명확함
- 의사결정 통제 가능
- 향후 투자기관이 볼 때도 명확한 구조 선호
- 대부분의 창업자들은 50% 이상 보유 권장

**지분 구조의 의미**
- 지분 구조는 곧 권한과 책임의 구조
- 투자 유치, 채무, 평판에 대한 책임 분배
- 사업이 잘 되든 안 되든 결국 사람 문제가 중요

스타트업 초기에 자주 나오는 장면이 있다. "우리 셋이니까 그냥 1 : 1 : 1로 나누자." 당장은 공평해 보이지만, 실제로 일을 해보면 기여도가 다르고, 책임감도 다르고, 리스크 감수 정도도 다르다. 그때 가서 지분을 고치려 하면 관계가 틀어지기 쉽다.

지분 구조는 곧 권한과 책임의 구조다. 누가 최종 결정을 내릴 것인지, 누가 더 많은 리스크를 질 것인지, 누가 투자 유치·채무·평판에 앞장설 것인지를 모두 포함한다. 처음부터 "기여·역할·책임"을 기준으로 지분을 설계하지 않으면, 사업이 잘 되든 안 되든 결국 사람 문제로 무너진다. 대부분의 창업자들은 50%이상의 과점 주주로 주식을 보유하고있는 것이 좋다. 책임소재도 명확하고 통제도 가능하며 향후 투자기관이 볼 때도 명확한 것을 좋아한다.

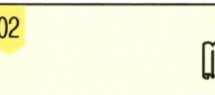

# 급여 수준의 결정

### 01

#### 다양한 급여 구조 예시

- 사업 될 때까지 무급
- 4대 보험 유지를 위한 최소 급여
- 생활을 위한 300만 원씩
- 차등 지급: 500:450:400만 원
- 차등 지급: 1,000:900:800만 원
- 차등 지급: 1,000:700:650만 원

### 02

#### 감정이 아닌 구조로 정하기

- 급여는 감정이 아닌 구조로 정해야 함
- '난 조금 덜 받을게' 같은 합의는 금방 균열
- 생활비 부족으로 버티지 못하는 사례 발생
- 상대적 박탈감을 느끼는 구성원 발생
- 사업에 몰입할 수 있는 사람과 그렇지 못한 사람을 빨리 구분해야 함

### 03

#### 대표이사 급여 책정 원칙

- 대표이사 급여가 가장 많게 책정하는 것이 이상적
- 책임소재가 명확하고 통제 가능
- 유능한 직원 스카우트 위해 예외 가능
- 회사 자금 부족 시 대표이사 급여 미지급 가능성 항상 염두에 두어야 함
- 현실적 기준으로 냉정하게 설계해야 함

그렇다면 급여의 수준은 어떻게 하는 것이 좋을까?

- 사업 될 때까지 무급
- 4대 보험 유지를 위해 동일 100만 원
- 생활을 위해 300만 원씩
- 500 : 450 : 400만 원
- 1,000 : 900 : 800만 원
- 1,000 : 700 : 650만 원

여기서 메시지는 한 가지다. 급여는 감정이 아니라 구조로 정해야 한다. 창업 초기에 "난 조금 덜 받을게", "우린 다 친구니까 똑같이 받자" 같은 합의는 금방 균열이 난다. 생활비가 안 돼 버티지 못하는 사람이 나오고, 상대적 박탈감을 느끼는 사람이 생긴다.

사업에 정말 올인할 수 있는 사람과 그렇지 못한 사람, 이 둘을 빨리 구분해야 한다는 의미다. 동시에, 4대 보험을 위한 최소 급여, 실제 생활 가능한 급여 수준 등 현실적 기준을 놓고 냉정하게 설계하라고 요구한다. 대표이사 즉 창업주 급여가 제일 많이 책정해 놓는 것이 이상적이다. 간혹가다가 유능한 직원을 스카우트 하기 위해서 대표보다 급여를 더 주는 경우도 있는데 아주 특별한 경우가 아니면 대표이사의 급여가 월등히 많게 책정되는 것을 추천한다. 다만 회사에 자금이 부족할   대표이사 급여는 미지급 될수있다는 것은 항상 염두에 두고 있어야한다.

법적·재무적 틀을 세운 뒤, 자료는 다시 근본적인 질문으로 돌아간다. "아이템 선정"이다. 아이템 선정은 인간의 본능을 잘 파악해야하는데 편리성, 쾌락, 인간의 심리, 안정성, 그리고 그시대의 세대상을 잘 반영해야한다.
여기서 주목해야 할 점은, 아이템을 기술이나 트렌드 목록이 아니라 인간의
욕구와 심리 구조를 기준으로 분류했다는 것이다.

- 편리성 : 더 빠르고, 더 쉽게, 덜 귀찮게.
- 쾌락 : 재미, 즐거움, 만족감.
- 심리 : 소속감, 인정 욕구, 비교 심리.
- 안정성 : 안전, 예측 가능성, 위험 회피.
- 세대상 : MZ, 알파세대, 고령층 등 각 세대의 특성.

## 아이템 선정의 기준

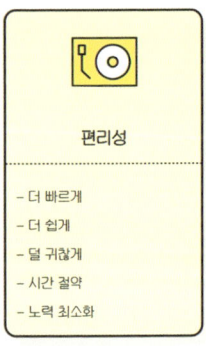

**편리성**

- 더 빠르게
- 더 쉽게
- 덜 귀찮게
- 시간 절약
- 노력 최소화

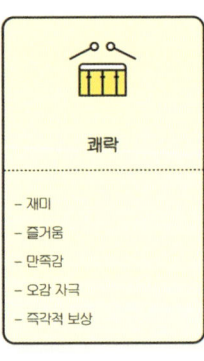

**쾌락**

- 재미
- 즐거움
- 만족감
- 오감 자극
- 즉각적 보상

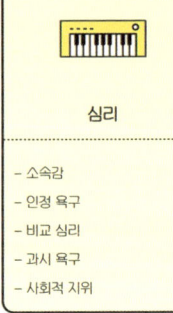

**심리**

- 소속감
- 인정 욕구
- 비교 심리
- 과시 욕구
- 사회적 지위

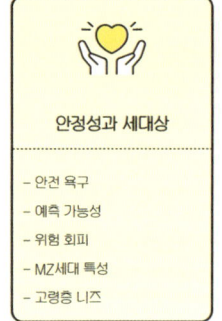

**안정성과 세대상**

- 안전 욕구
- 예측 가능성
- 위험 회피
- MZ세대 특성
- 고령층 니즈

기술은 계속 바뀌지만, 인간이 원하는 이 다섯 축은 잘 바뀌지 않는다. 좋은
창업 아이템이란 결국 이 축들 중 어디를 강하게 건드리는지, 그리고 그걸 기
존보다 얼마나 더 잘 풀어내는지의 싸움이다.

창업을 시작하려는 사람에게 꼭 해주고 싶은 말이있다.

확실히 알기 전까진 시작하지 말자내 손에 없는 돈은, 부모님 돈이라도 내 돈이 아니다세상은 나보다 많이 아는 사람이 매우 많다

요즘 창업 문화는 종종 "일단 시작해 보라", "실패해도 경험이다"라는 메시지를 과도하게 강조하기도 한다. 그런데 이 강의는 그 흐름을 일부러 거스른다.

"확실히 알기 전까지는 시작하지 말자"는 말은, 모든 리스크를 다 제거하라는 뜻이 아니다. 대신, 최소한 아래의 것들은 알고 들어가라는 경고다.

- 내가 무엇을 하려는지
- 시장이 어떤 구조인지
- 법적·재무적 책임이 무엇인지
- 최악의 경우 어디까지 감당할 수 있는지

## 창업 전 반드시 알아야 할 사항

### 확실히 알기 전까진 시작하지 말자

- '일단 시작해 보라'는 메시지를 과도하게 믿지 말 것
- 모든 리스크를 제거할 수는 없지만 최소한 알고 시작해야 함
- 내가 무엇을 하려는지, 시장이 어떤 구조인지 파악
- 법적·재무적 책임이 무엇인지 명확히 인지해야 함

### 내 손에 없는 돈은 내 돈이 아니다

- 부모님 돈, 친구 돈도 내 돈이 아님을 명심
- 남의 돈으로 '일단 해보자'는 접근은 위험
- 실패 시 사업뿐 아니라 관계까지 잃을 수 있음
- 자금 출처와 책임 문제를 명확히 해야 함

### 세상은 나보다 많이 아는 사람이 많다

- 이미 그 길을 걸어본 사람에게 배우기
- 기초적인 수치를 손익계산까지 해본 사람
- 동일 업종에서 오래 버틴 사람들
- 전문가의 조언을 겸손히 수용

### 최악의 경우 대비

- 최악의 시나리오 상정
- 어디까지 감당 가능한지
- 가족과 사전 합의
- 심리적 준비 필수

### 창업 전 자기 점검

- 내 적성과 역량 점검
- 장기적 비전 확인
- 스트레스 대응력
- 인내심과 끈기 확인

특히 "부모님 돈도 내 돈이 아니다"라는 문장은, 창업 자금의 출처와 책임 문제를 매우 날카롭게 짚는다. 남의 돈, 특히 가족의 돈으로 일단 해보자는 식의 접근은 실패했을 때 사업만 잃는 것이 아니라 관계까지 잃을 수 있다는 뜻이다.

세상에는 나보다 많이 아는 사람이 매우 많다는 말도 마찬가지다. 이미 그 길을 걸어본 사람, 기초적인 수치를 손익계산까지 돌려본 사람, 동일 업종에서 오래 버틴 사람들에게 먼저 배우라는 의미다. "내 아이템이 세계 최초다", "아무도 모르는 시장이다" 같은 말은 위험 신호에 가까울 수 있다는 메시지이기도 하다.

## 6.2 사업계획서

### 1) 사업계획서 : '살아 있는 계획서'를 쓰는 법

## 사업계획서: 살아 있는 계획서의 중요성

**계획서 작성의 핵심 원칙**
- 한 페이지마다 엄청난 노력과 노하우를 쏟아야 함
- 본인이 쓴 계획서에 관해서는 전 세계 누구보다 잘 알아야 함
- 객관적 근거를 바탕으로 작성해야 함
- 가장 비관적인 시나리오를 기준으로 작성
- 남을 설득하기 위한 포장지가 아닌 자신을 속이지 않기 위한 도구
- 창업 실패의 많은 원인이 계획서 작성 단계에서 발생
- 현실적인 목표와 달성 가능한 계획 수립이 중요
- 지속적인 검토와 수정이 필요한 살아있는 문서

**계획서 작성의 실질적 접근**
- 이해하기 쉽게, 전문용어를 풀어서 설명해야 함
- 누구나 이해할 수 있는 명확한 언어로 작성
- 자금은 '조달될 것'이 아니라 '현재 가진 자원'을 기준으로 계획
- 미래의 불확실한 투자나 지원을 전제로 하지 않음
- 계획서는 단번에 완성되는 것이 아니라 지속적으로 수정·보완
- 시장 상황과 내부 역량을 정직하게 반영
- 실현 가능한 단계별 목표 설정이 중요
- 수치와 데이터는 근거를 명확히 제시

사업을 시작하게되면 사업계획서 작성이 매우 중요하다. 처음 창업하는 사람들이 간과하기 쉬운 부분이 이부분인데 사업계획서는 살아있는 계획서야만 하고 나의 모든 노하우와 생각을 녹여내야한다.

- 한 페이지마다 엄청난 노력과 노하우를 쏟아야 한다.

- 본인이 쓴 계획서에 관해서는 전 세계 누구보다 잘 알아야 한다.
- 객관적 근거, 가장 비관적인 시나리오를 기준으로 작성해야 한다.
- 이해하기 쉽게, 전문용어를 풀어서 설명해야 한다.
- 자금은 '조달될 것'이 아니라, '현재 가진 자원'을 기준으로 계획해야 한다.

이 문장들은 결국 한 가지를 말한다. 사업계획서는 남을 설득하기 위한 포장지가 아니라, 나 자신을 속이지 않기 위한 도구다.

## 사업계획서 작성 시 주의사항

**피해야 할 접근법**

- 창업 목적을 '나만 잘 먹고 살자' 수준으로 설정
- '세계 최초', '나만의 아이템' 같은 과장된 표현 사용
- 기존 사업과 완전히 동일한 모델 제시
- 객관적 근거 없이 낙관적 전망만 제시

VS

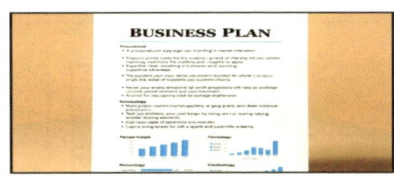

**권장되는 접근법**

- 명확하고 확장 가능한 비전과 목표 설정
- 틈새시장 공략을 위한 냉정한 시장 분석 자료 제시
- 객관적이고 비관적인 가정 기반으로 작성
- 구성원들의 결집력과 대표의 리더십 강조

사업계획서의 기본 구성도는 다음과 같다.

- 회사 개요 : 회사명, 주소, 주 생산품
- 조직·인력 : 대표와 임원 프로필, 주주 구성
- 사업 전망 : 산업 현황, 시장(리치 마켓) 분석
- 기술·제품 : 보유 기술과 개발 계획

- 설비·투자 계획
- 재무 계획 : 추정 매출, 점유율, 수익성, 투자계획
- 향후 일정과 특이사항

마지막으로 사업계획서 작성시 주의사항은 다음과 같다.

- 창업 목적을 "나만 잘 먹고 살자" 수준으로 두지 말 것
- 기존과 완전히 같다면 성공하기 어렵다, 뭔가는 달라야 한다
- 틈새시장 공략을 위해 냉정한 시장 분석 자료를 제시할 것
- 모든 자료는 객관적이고 비관적인 가정을 기반으로 쓸 것
- "세계 최초", "나만의 아이템" 같은 표현은 피할 것
- 구성원들의 결집력, 대표의 리더십이 핵심이라는 사실을 잊지 말 것

이 모든 조건은, 화려한 말보다 냉정함과 진정성이 더 중요하다는 것을 말해 준다.

## 2) 사례연구 : 숫자로 보는 사업성

### 사례 1 : 필리핀 민다나오 광산 운송사업
- 니켈 원료를 노천광산에서 부두까지 3~7km 운반
- 단가 : 255페소 / 15톤 트럭·km
- 하루 이동거리 : 86km
- 월 근무일수 : 25일
- 월 매출 : 548,250페소

비용 구조는 다음과 같다.

- 인건비 : 30,000
- 유류비 : 51페소/L, 연비 2km/L
- 수리비 : 50,000
- 간접비 : 100,000
- 월 비용 : 289,650페소
- 월 수익 : 258,600페소/대

# 사례연구: 필리핀 민다나오 광산 운송사업

## 비용 구조

- 인건비: 30,000페소
- 유류비: 51페소/L, 연비 2km/L
- 수리비: 50,000페소
- 간접비: 100,000페소
- 월 총비용: 289,650페소

## 수익성 분석

- 월 수익(계산상): 258,600페소/대
- 단순 계산으로는 수익성 있어 보임
- 하지만 실제 상황은 다름

## 곱하기의 속임수

- 단순 숫자 나열로 곱하기만 하면 수익성 보임
- 실제로는 90% 이상 계획대로 진행되지 않음
- 실제 가동율은 50% 수준에 불과

## 현지 리스크 요인

- 연료 품질 및 공급 확인 어려움
- 수리가오 지역 반군 테러 위험 존재
- 현지 특성 고려 안한 사업 계획의 위험성

이 예시는 "해외 광산 운송"이라는 낯선 사업도, 결국 단가·거리·연료·수리·인건비의 조합으로 계산된다는 점을 보여준다. 사업 아이템이 멋져 보이는 것과, 실제 숫자로 남는 돈이 충분한지의 문제는 별개라는 사실을 체감하게 한다. 이런 사업계획을 할   가장 오해하기 쉬운 일이 곱하기의 속임수이다.

단순 숫자로 나열되있어서 곱하기만 하면 수익성이 보여지는데 실제로는 그렇게 진행되지않는 경우가 90%이상이라고 할 수 있다.

실제 저 사업도 가동율(고장등으로 운영못하는 날을 제외한 실제 가동일수)이 50%수준이었고 연료도 광산에서 제공되는 연료를 직접 확인을 하지못하는 문제가 발생하였고 민다나오 중에서도 산골인 수리가오 지역이라 반군들의 테러가 종종 발생하는 리스크가 있어서 손실을 보는 사업이었다.

## 사례 2 : 스마트폰 리퍼블리싱 사업

- 중고폰 구매단가 : 200달러/대
- 수리비 : 55달러/대
- 하루 수리 가능 대수 : 200대
- 월 근무일수 : 20일
- 월 비용 : 1,020,000달러

수익 구조는 다음과 같다.

- 판매단가 : 290달러/대
- 제비용 : 3달러/대
- AS 등 : 10달러/대
- 간접비 : 50,000달러
- 월 수익 : 38,000달러

# 사례연구: 스마트폰 리퍼블리싱 사업

### 사업 구조

- 중고폰 구매 → 수리 → 판매
- 하루 수리 가능 대수: 200대
- 월 근무일수: 20일

### 비용 구조

- 중고폰 구매단가: 200달러/대
- 수리비: 55달러/대
- 월 비용: 1,020,000달러

### 수익 구조

- 판매단가: 290달러/대
- 재비용: 3달러/대
- AS 등: 10달러/대
- 간접비: 50,000달러

### 실제 수익성

- 월 수익(계산상): 38,000달러
- 겉으로 보기엔 남는 장사 같지만
- 실제 수익성은 저조함

### 품질 문제

- 중고 불량품 특성상 품질 불안정
- 검사 후 매입해도 불량 발생
- 예상 수익성 크게 밑도는 결과

여기서 핵심은 "겉으로 보기엔 남는 장사 같지만, 실제로 돌려보면 마진이 얼마나 되는지 숫자로 검증해야 한다"는 점이다. 중고 불품의 특성상 품질이 일정하지않고 검사를 하고 매입을 하여도 중간에 불량이 발생하는 경우가 종종 생겨서 실제로 수익성은 예상치를 크게 밑돌게 되었다.

### 사례 3 : 틀린 그림 찾기 어플

세 번째 사례는 조금 다르다.

- 그림 두 장을 보여주는 틀린 그림 찾기 게임
- 그림에 광고를 노출해 수익을 기대
- 개발기간 : 11개월
- 개발비 : 2억 원
- 3D로 고퀄리티 vs 2D로 심플하고 파격적인 디자인

# 사례연구: 틀린 그림 찾기 어플

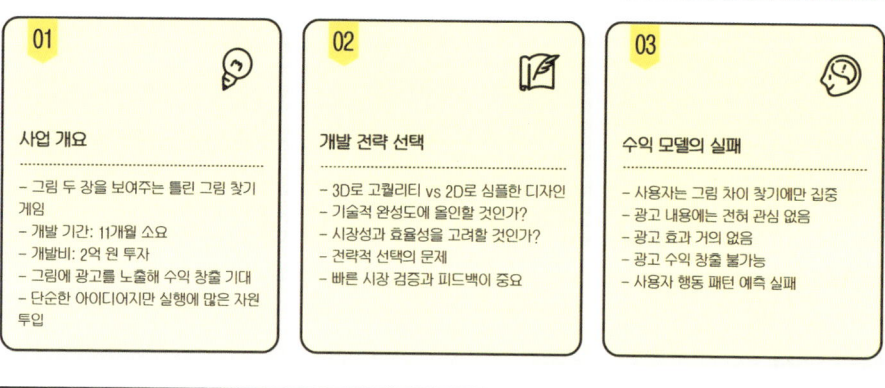

**01**

사업 개요

- 그림 두 장을 보여주는 틀린 그림 찾기 게임
- 개발 기간: 11개월 소요
- 개발비: 2억 원 투자
- 그림에 광고를 노출해 수익 창출 기대
- 단순한 아이디어지만 실행에 많은 자원 투입

**02**

개발 전략 선택

- 3D로 고퀄리티 vs 2D로 심플한 디자인
- 기술적 완성도에 올인할 것인가?
- 시장성과 효율성을 고려할 것인가?
- 전략적 선택의 문제
- 빠른 시장 검증과 피드백이 중요

**03**

수익 모델의 실패

- 사용자는 그림 차이 찾기에만 집중
- 광고 내용에는 전혀 관심 없음
- 광고 효과 거의 없음
- 광고 수익 창출 불가능
- 사용자 행동 패턴 예측 실패

이 사례는 "기술적 완성도에 올인할 것인가, 시장성과 효율성을 보고 적정 수준에서 갈 것인가"의 고민을 던진다. 2억을 들여 3D로 최고의 퀄리티를 만들 것이냐, 아니면 심플한 2D로 빠르게 시험해 볼 것이냐는 전략적 선택의 문제로 생각을 했다. 하지만 가장 큰 문제는 그림을 비교하기 위해 집중해서 그림을 구석구석 확인하기에 광고 효과가 있다고 하는 부분이었다. 고객들은 두 개 그림의 차이를 찾기에만 집중하였지 그안에 어떤 내용이 있는지는 신경을 쓰지않아 광고 효과가 거의 없게 나타나 광고 수익 창출이 불가능해 졌다.

## 6.3 프레젠테이션은 내용이 아니라 '전달'로 평가된다

# 프레젠테이션의 중요성

| 내용 vs 전달 | 훈련의 결과 | 세 가지 층위 | 효과적인 전달 |
|---|---|---|---|
| - 내용이 아무리 좋아도 제대로 전달하지 못하면 청중 마음에 남지 않음<br>- 전달력이 핵심 경쟁력<br>- 청중 기억에 남는 발표 | - 프레젠테이션은 타고나는 재능이 아님<br>- 반복적인 훈련으로 만들어지는 기술<br>- 지속적 개선이 중요 | - 시간별 전략 (10초, 2분, 15분)<br>- 10/20/30 법칙<br>- 발표 태도와 신체 언어 | - 청중의 마음을 움직이는 프레젠테이션<br>- 투자자, 팀원 모두에게 신뢰를 주는 발표<br>- 창업가의 필수 무기 |

발표를 잘한다는 것이 무엇일까? 많은 사람들은 "내용이 좋으면 된다"고 생각한다. 그러나 현실은 정반대다. 내용이 아무리 좋아도 그것을 제대로 전달하지 못하면, 청중의 마음에는 거의 남지 않는다. 반대로 내용이 평범하더라도 효과적으로 전달하는 사람은 사람들 기억에 오래 남는다. 창업가, 경영자, 투자 설득자가 되든, 팀을 이끄는 리더가 되든 프레젠테이션은 필수 무기다. 그리고 이 무기는 타고나는 재능이 아니라 훈련으로 만들어진다.

이 글에서는 프레젠테이션을 세 가지 층위에서 풀어본다. 첫째는 시간별 전략(10초, 2분, 15분이라는 극단적으로 다른 시간 단위에서 무엇을 말할 것인가), 둘째는 10/20/30 법칙(슬라이드 10장, 발표 20분, 글자 30포인트라는 구체적인 제약 조건), 셋째는 발표 태도와 신체 언어(의상, 음성, 손 위치, 시선 처리)다. 이 세 층위를 모두 통과할 때, 비로소 "효과적인 프레젠테이션"이 완성된다.

## 시간별 전략: 10초 엘리베이터 피치

### 엘리베이터 피치란?

- 짧은 시간 내 자신을 소개하는 기술
- 비즈니스 컨퍼런스, 네트워킹 시간에 활용
- 우연한 만남이 장기적 관계의 시작이 될 수 있음
- '나는 누구인가'를 10초 안에 각인시키는 방법

### 10초의 중요성

- 첫인상은 10초 안에 결정됨
- 단순한 소개가 아닌 강렬한 메시지 필요
- 청자의 귀를 한 번에 사로잡을 수 있어야 함
- 짧지만 가장 중요한 프레젠테이션

### 핵심 요소

- 회사가 무엇을 하는지
- 누가 고객인지
- 어떤 문제를 푸는지
- 한 문장에 모두 담기

### 강렬한 첫인상

- 단순함과 강렬함
- 명확한 가치 제안
- 기억에 남는 표현
- 호기심 유발하기

### 지속적 개선

- 매번 다른 청중에게 반복 연습
- 반응 살피며 다듬기
- 20~50번 반복하면 자연스러워짐

**1단계 : 시간별 전략 - 10초, 2분, 15분의 심리학**

프레젠테이션은 한 가지 형태만 있는 것이 아니다. 상황과 청중, 목적에 따라 극단적으로 다른 시간 단위로 말해야 한다. 이를 이해하는 것이 프레젠테이션 전략의 출발점이다.

## 10초 : 엘리베이터 피치(Elevator Pitch)

"나는 누구인가?"를 10초 안에 각인시켜야 하는 상황이 있다. 비즈니스 컨퍼런스 복도에서 우연히 만난 투자자, 행사 중 네트워킹 시간, 또는 엘리베이터에서 우연히 탄 경영진 등이 그렇다. 이 순간은 생각보다 자주 온다. 그리고 이 짧은 만남이 장기적인 관계의 시작이 될 수 있다.

10초 피치의 핵심은 단순함과 강렬함이다. "안녕하세요, 저는 김민준이고 스타트업을 하고 있습니다"라는 수준이 아니라, 청자의 귀를 한 번에 사로잡을 수 있는 문장이 필요하다. 예를 들어, "저는 AI로 중소기업의 품질 검사를 자동화시키는 회사를 운영하고 있습니다"처럼, 내 회사가 무엇을 하는지, 누가 고객인지, 어떤 문제를 푸는지를 동시에 담아내야 한다.

이 10초 멘트는 처음이 아니라 반복이다. 매번 다른 청중에게 말할 때마다, 그들의 반응을 살펴보며 계속 다듬어야 한다. 처음엔 어색하고 뻣뻣하겠지만, 20번, 50번을 반복하면 자연스럽고 설득력 있는 문장으로 변모한다. 특히 창업가라면, 이 10초 피치는 평생을 해야 한다고 생각하고 지금부터 연습해야 한다.

## 2분 : 휴식 시간의 심리학

긴 회의나 발표 중간에 갑자기 쉬는 시간이 생길 때가 있나. 담배를 피우러 가는 시간, 커피를 마시는 시간, 잠깐 화장실을 다녀오는 시간 같은 것 말이다. 이 2분은 평소 발표 시간과 완전히 다른 심리 상태다.

장시간의 발표나 회의에 참석한 청중은 긴장한다. 자신들이 집중하고, 메모를 해야 하고, 나중에 질문을 준비해야 한다는 부담감이 있다. 그런데 갑자기 쉬는 시간이 주어지면, 그 긴장이 확 풀린다. 어깨에 힘이 빠지고, 마음이 열리고, 옆 사람과 잡담도 나눈다.

---

# 시간별 전략: 2분의 휴식 시간 활용법

### 쉬는 시간의 심리학적 중요성

- 장시간 발표나 회의 후 쉬는 시간은 긴장이 풀리는 순간
- 청중의 마음이 열리고 자연스러운 소통이 가능해짐
- 공식 발표에서는 드러나지 않는 진짜 반응을 확인 가능
- 이 시간에 형성되는 인상이 공식 발표보다 더 강력함

### 비공식적 대화의 가치

- 커피나 담배 시간을 활용한 자연스러운 대화 시도
- 청중의 표정과 반응을 주의 깊게 관찰하기
- 솔직한 질문에 정직하게 답변하는 자세 유지
- 투자자는 이 2분에 당신을 평가하고 임직원은 이 시간에 리더십을 판단

---

이 2분이 중요한 이유는 여기에 있다. 이 순간에 하는 비공식적인 대화에서, 사람들의 진짜 반응과 의견이 나온다. 공식 발표 때는 다들 정중하게 듣지만, 쉬는 시간에는 "그 부분이 좀 이상한데?", "이건 어떻게 하려고?"라는 진정성 있는 질문이 나온다. 투자자는 이 2분에 당신을 본다. 임직원은 이 2분에 당신의 진짜 리더십을 평가한다.

따라서 이 2분을 활용하는 방법은 이렇다. 커피를 마시거나 담배를 피우면서, 청중과 자연스럽게 대화하라. 그들의 표정을 읽고, 질문에 솔직하게 답하고, 필요하면 잘못 알고 있던 부분을 정정하라. 이 2분의 태도가, 공식 발표의 어떤 슬라이드보다도 강력한 메시지를 남긴다.

### 15분 : 일반적인 프레젠테이션

일상에서 가장 흔한 프레젠테이션은 15분 형식이다. 사무실에서 프로젝트를 발표할 때, 투자자 앞에서 회사를 소개할 때, 학교에서 세미나 발표를 할 때, 대부분 10~15분 사이다.

이 시간대는 충분하면서도 짧다. 충분하다는 것은, 내 이야기의 기승전결을 모두 담을 수 있다는 뜻이다. 짧다는 것은, 한 문장을 낭비해도 전체 시간이 줄어든다는 뜻이다. 따라서 15분 발표에서 가장 중요한 것은 전략적 선택이다. 무엇을 말할 것인가? 무엇을 뺄 것인가?

## 시간별 전략: 15분 프레젠테이션

**일상에서 가장 흔한 프레젠테이션 형식**
15분은 충분하면서도 짧은 시간입니다. 내 이야기의 기승전결을 모두 담을 수 있지만, 한 문장의 낭비도 허용되지 않습니다. 따라서 전략적 선택이 필수적입니다.

**전략적 선택의 중요성: 무엇을 말하고 무엇을 뺄 것인가**
- 핵심 메시지 3-5개로 제한하고 나머지는 과감히 삭제
- 청중과 상호작용을 통해 집중도 높이기 ('이해가 되시나요?')
- 자신감 있는 목소리와 적절한 속도 유지하기

이 시간에는 슬라이드를 앞에 두고, 자신감 있게 이야기해야 한다. 청중은 당신의 깊이와 확신을 본다. 목소리도 크고, 속도도 적절하며, 시선도 자연스럽게 움직여야 한다. 발표 중간에 청중과 상호작용도 할 수 있다. "여기서 질문 있으신가요?", "지금까지 이해가 되시나요?"라는 식의 확인 질문을 하면, 청중의 집중도가 높아진다.

**2단계 : 10/20/30 법칙 – 프레젠테이션의 황금 비율**

**가이 가와사키의 프레젠테이션 황금 비율**

10/20/30 법칙: 슬라이드 10장 이내
10/20/30 법칙: 발표 시간 20분 이내
10/20/30 법칙: 글자 크기와 정보량

이 법칙은 실리콘밸리의 유명한 벤처캐피탈리스트 가이 가와사키(Guy Kawasaki)가 제시한 것이다. 단순하지만 강력하다.

**슬라이드는 10장 이내**

"왜 10장일까?" 이 질문부터 시작해야 한다. 사람의 집중력은 제한적이다. 지나치게 많은 슬라이드는 청중의 주의를 산만하게 만든다. "1, 2, 3... 아, 이미 8장이 나왔네"라는 식으로 세는 청중은 절대 당신의 말을 듣지 않는다.

반면 10장은 많지도, 적지도 않다. 기업 소개(1장), 문제 정의(1~2장), 솔루션 제시(2~3장), 비즈니스 모델(1장), 시장 규모(1장), 팀 소개(1장), 재무 전망(1장), 결론(1장) 정도로 구성하면, 당신의 이야기가 논리적으로 흐르면서도 청중의 피로도는 최소화된다.

또한 10장이라는 제약은 "선택의 강압"을 만든다. 25장을 준비했던 사람이 10장으로 줄이려면, 정말 중요한 것만 골라야 한다. 이 과정에서 자신의 아이디어도 더 명확해지고, 핵심 메시지도 더 강해진다.

### 발표 시간 최대 20분(가능하면 15분 이내)

현실의 대부분의 발표 시간은 정해져 있다. 회사 회의는 보통 15분, 투자자 피칭은 10~15분, 컨퍼런스 발표는 보통 20분이다. "길어야 30분"이라고 해도, 그건 극단적으로 특별한 경우다.

따라서 준비할 때부터 "나는 15분 안에 끝낸다"는 목표를 세워야 한다. 실제로 연습할 때도, 여러 번 해 봐야 한다. 처음에는 시간이 딱 맞지 않을 것이다. 10분에 끝났다가, 다시 하면 18분이 될 수도 있다. 이렇게 반복하다 보면, 당신의 말의 속도, 호흡, 강조 지점이 모두 최적화된다.

또한 시간을 정해 두는 것은 심리적 효과도 있다. "저는 15분을 할당받았다"는 생각이 들면, 자신의 에너지를 그 시간에 집중시킨다. 20분을 할당받은 사람과 15분을 할당받은 사람의 긴장도, 집중도는 분명히 다르다.

## 글자 크기 30포인트, 한 장에 8줄 이내

이 규칙은 매우 현실적이다. 프레젠테이션홀의 뒷자리에 앉은 사람이 읽을 수 있어야 한다. 그런데 28포인트라면? 눈을 찌그려야 한다. 눈을 찌그리는 순간, 청중은 당신의 말을 듣지 않는다.

또한 한 장에 8줄 이내라는 것은, 하나의 슬라이드가 담을 수 있는 정보량을 제한한다는 뜻이다. 이는 역설적으로, 당신의 말이 더 중요해진다는 것을 의미한다. 슬라이드는 보조일 뿐, 주인공은 당신이다. 슬라이드에 많은 글을 적으면, 청중은 당신의 얼굴이 아니라 슬라이드를 읽는다. 반대로 슬라이드에 글이 거의 없으면, 청중은 당신을 보고 당신의 말을 듣는다.

### 3단계 : 작성 기술 – 보기 좋은 떡이 먹기도 좋다

### 도식화 : 글자는 죽이고 그림은 살린다

## 프레젠테이션 작성 기술: 도식화

**글자는 죽이고 그림은 살리기**
- 글자가 적고 그래픽이 많은 슬라이드
- 글로벌 기업들의 공통적 전략
- 핵심 메시지를 시각적으로 전달

**그래프와 차트의 활용**
- 숫자 나열보다 꺾은선 그래프 효과적
- 복잡한 관계는 도표로 단순화
- 색상 대비로 중요 데이터 강조

**시각적 자료의 인지적 장점**
- 뇌는 문자보다 이미지를 빠르게 처리
- 그래프를 보며 설명 듣기가 자연스러움
- 시각적 기억이 텍스트보다 오래 지속

**데이터 시각화의 전문성**
- 복잡한 데이터를 정리된 차트로 표현
- 데이터에 대한 깊은 이해를 보여줌
- 전문성과 신뢰도 향상 효과

**도식화의 균형 유지**
- 모든 내용을 시각화하지 않기
- 핵심 데이터만 선별적 시각화
- 텍스트와 시각자료의 조화 필요

외국계 글로벌 기업의 프레젠테이션을 보면 공통점이 있다. 글자가 거의 없고, 대신 그래프, 차트, 아이콘, 도표로 가득하다는 것이다. 이건 우연이 아니라 전략이다.

사람의 뇌는 문자보다 이미지를 훨씬 빠르게 처리한다. "우리 회사의 작년 매출은 100억 원, 올해는 150억 원, 내년 예상은 220억 원입니다"라고 말하는 것보다, 꺾인선 그래프로 상승세를 보여주는 것이 훨씬 강렬하다. 청중은 글을 읽으면서 동시에 당신의 말을 듣기 어렵지만, 그래프를 보면서 당신의 설명을 듣는 것은 자연스럽다.

또한 도식화는 전문성의 신호다. 복잡한 데이터를 정리된 차트로 보여줄 수 있는 사람은, 그 데이터를 정말 이해하고 있는 사람으로 보인다. 반대로 글로 길게 설명하는 사람은, 자신이 뭘 말하려는지 스스로도 불명확한 것처럼 보인다.

### 색상 : 일관성이 신뢰를 만든다

색상의 사용은 기업 디자인팀이 필요한 이유를 보여준다. 무작정 "예쁘다"고 색을 섞으면 혼란만 가중된다. 반대로 일관된 색상 체계를 유지하면, 청중은 무의식적으로 당신의 회사를 전문석이고 신뢰힐 수 있다고 느낀다.

일반적으로 회사의 브랜드 컬러 1~2개를 기본으로, 강조할 때만 보색이나 명도가 높은 색을 쓰는 것이 좋다. 예를 들어, 전체는 파란색으로 통일하되, 가장 중요한 데이터 포인트만 빨간색으로 표현하면, 청중의 눈이 자연스럽게 그곳으로 간다.

## 유머와 이미지 : 긴장을 풀어야 말이 들어온다

발표가 심각할수록, 청중은 긴장한다. 당신도 마찬가지다. 이 긴장을 어떻게 완화할 것인가가 프레젠테이션 질의 절반이다.

적절한 유머는 마법이다. 꼭 웃기고 싶지 않더라도, "내가 이 상황을 약간 가볍게 본다"는 신호만 주어도, 청중의 입가에 미소가 떠올라간다. 또한 자신의 약점을 먼저 건드리는 유머는 신뢰도를 높인다. 예를 들어, 데이터를 설명하다가 "솔직히 이 숫자가 좀 쩌는데, 우리도 깜짝 놀랐습니다"라고 하면, 청중은 당신을 한 인간으로 본다.

이미지의 사용도 마찬가지다. 모든 페이지가 글과 차트뿐이면 지루하다. 중간중간 의미 있는 사진이나 일러스트를 넣으면, 시각적 변화가 생기고, 청중의 주의도 다시 모아진다.

---

## 프레젠테이션 작성 기술: 색상과 유머

**01**

### 일관된 색상 체계의 중요성

- 브랜드 컬러 1~2개를 기본으로 사용
- 강조할 때만 보색이나 명도 높은 색 활용
- 일관된 색상은 전문성과 신뢰감 제공
- 무작정 '예쁘다'고 색을 섞으면 혼란만 가중
- 중요 데이터는 다른 색으로 시선 유도
- 색상은 기업 이미지와 일치시키기

**02**

### 적절한 유머의 활용

- 청중과 발표자의 긴장을 풀어주는 역할
- 자신의 약점을 먼저 언급하는 유머는 신뢰도 상승
- 심각한 발표일수록 적절한 유머 필요
- '내가 이 상황을 가볍게 본다'는 신호만으로도 효과적
- 청중이 발표자를 인간적으로 느끼게 함
- 과도한 유머는 전문성을 해칠 수 있음

**03**

### 이미지 사용의 효과

- 글과 차트만 있는 슬라이드는 지루함
- 의미 있는 사진이나 일러스트로 시각적 변화 제공
- 청중의 주의를 다시 모으는 효과
- 복잡한 개념을 단순화하여 전달 가능
- 감정적 반응을 이끌어내는 이미지 선택
- 슬라이드마다 하나의 핵심 이미지 권장

**애니메이션 : 발표용과 인쇄용은 다르다**

발표할 때 사용하는 파워포인트와 이메일로 보내는 PDF는 다르다. 발표용 슬라이드에는 여러 가지 애니메이션을 넣을 수 있다. 한 장의 데이터가 한 줄 한 줄씩 나타나게 하거나, 차트가 그려지는 과정을 보여주거나, 핵심 문구를 강조하면서 나타나게 할 수 있다.

이런 애니메이션은 발표 현장에서는 매우 효과적이다. 당신이 하나하나 설명하는 동안, 슬라이드의 내용이 그에 맞춰 나타나면, 청중은 당신의 설명을 더 깊이 이해한다. 그런데 같은 슬라이드를 인쇄해서 나눠주거나 PDF로 보내면? 모든 내용이 한꺼번에 보이기 때문에, 흐름이 끊긴다.

따라서 발표용과 인쇄용(배포용)은 반드시 분리해야 한다. 발표할 때는 애니메이션을 활용하고, 사람들에게 나눠주는 자료는 모든 정보를 한 장에 다 담되, 읽기 편하게 정리하는 식이다.

**마무리 : 3~4줄로 남은 것은 뭐다**

발표의 끝은 첫 도입만큼 중요하다. 마무리 없이 그냥 끝나는 발표는, 청중의 기억에 아무것도 남지 않는다. 따라서 마무리는 짧고 강력해야 한다. 마지막 슬라이드는 보통 3~4줄로 정리된 메시지여야 한다. "우리는 이 문제를 풀기 위해 이렇게 접근했고, 이 정도까지 성과를 냈으며, 앞으로 이렇게 나아갈 것입니다" 같은 식으로 다시 한 번 핵심을 각인시켜야 한다.

또한 마지막 문장은 특별해야 한다. 유명한 경구나 자신의 경험담으로 마무리하면 청중의 기억에 오래 남는다. "우리의 목표는 단순하다. 세상의 모든 작은 비즈니스가 기술의 힘으로 성장하는 날"이라는 식의 비전으로 마무리하면, 청중은 당신의 열정을 느낀다.

## 발표 태도: 의상과 음성

### 의상이 주는 첫인상의 영향력

- 의상으로 평가받는 것은 불공평해 보이지만 현실
- 청중은 말을 듣기 전에 발표자의 모습을 먼저 봄
- 첫인상이 발표자의 신뢰도에 직접적 영향
- 의상은 전체 발표 인상의 약 50%를 차지

### 권장되는 복장과 개성 표현

- 남성: 감색 양복 권장
- 여성: 흰색 셔츠, 검은 자켓과 치마 권장
- '너무 튀는 것'과 '너무 착직한 것' 모두 피하기
- 작은 포인트로 개성 표현 (스카프, 넥타이 등)

### 음성 톤의 심리학

- 톤은 권력관계의 신호
- 같은 말도 톤에 따라 다른 인상
- 음악의 '도-레-미-파' 중
- '파' 톤이 일반 발표에 적합

### 파 톤의 활용

- 권위 있으면서 공격적이지 않음
- 발표자가 주인공임을 암시
- 청중이 경청해야 한다는 신호
- 자신감 있는 발표 톤으로 적합

### 청중별 톤 조절

- 투자자 앞: '라' 톤으로 상승
- 확신과 신뢰의 신호 전달
- 팀원 앞: '레' 톤으로 하강
- 여유롭고 포용적인 리더십 표현

---

### 4단계 : 발표 태도 – 신체 언어가 말보다 크다

내용과 슬라이드가 완벽해도, 발표자의 태도가 엉망이면 모든 게 무너진다. 신체 언어는 무의식적으로 청중에게 전달된다.

### 의상 : 첫 인상의 50%

"의상으로 평가받는 건 불공평하다"고 느낄 수 있다. 그러나 현실은 그렇다. 청중은 당신의 말을 듣기 전에, 당신이 어떻게 생겼는지를 본다. 그리고 그 첫인상이 당신의 신뢰도에 영향을 미친다.

일반적으로 권장되는 복장은 이렇다. 남자는 감색 양복, 여자는 흰색 셔츠에 검은 자켓과 치마다. 이 조합이 선호되는 이유는 단순하다. 보수적이면서도 전문적이고, 모든 피부색과 체형에 어울리며, 화면에도 잘 나온다는 것이다.

주의할 점은, "너무 튀는 것"과 "너무 칙칙한 것" 모두 피해야 한다는 것이다. 밝은 분홍색 드레스, 화려한 패턴의 넥타이는 청중의 주의를 흩어 놓는다. 반대로 회색 정장에 회색 넥타이는 당신을 너무 흐릿하게 만든다. 기본을 지으면서, 작은 포인트로 자신의 개성을 드러내는 것이 좋다. 여성이라면 색 있는 스카프나 귀걸이, 남성이라면 패턴이 들어간 넥타이나 포켓칩 정도가 충분하다.

### 음성 : 톤(Tone)의 심리학

프레젠테이션에서 음성의 높낮이는 권력관계의 신호다. 같은 말이라도, 어떤 톤으로 말하느냐에 따라 청중이 받는 느낌이 완전히 달라진다.

일반적인 발표는 "파" 톤이 적절하다. 음악의 음표로 치면, 도-레-미-파 중 "파" 정도가 권위 있으면서도 공격적이지 않다는 의미다. 이 톤은 당신이 주인공이고, 청중이 당신의 말을 들어야 한다는 신호를 은연중에 전달한다.

하지만 청중이 당신보다 위의 사람이라면? 투자자, 대표이사, 당신을 평가할 권위자들 앞에서는 "라" 톤으로 한 단계 올린다. 이는 "나는 확신이 있고, 내 말을 믿어달라"는 신뢰의 신호를 준다. 동시에 너무 오만하거나 도전적으로 들리지 않는 경계를 유지해야 한다.

반대로 청중이 학생이거나 당신의 팀원, 직급이 낮은 사람들이라면? "레" 톤, 즉 중저음으로 내려간다. 이 톤은 여유롭고 포용적으로 들리면서도, 동시에 리더로서의 확신을 전달한다. 학생들이 집중하게 만드는 미묘한 권력 관계를 형성한다.

## 발표 태도: 손의 위치와 시선 처리

**손의 위치와 움직임**

- 손은 항상 허리 위, 45도 각도로 유지
- 손가락은 자연스럽게 펼치기
- 주머니에 손을 넣거나 뒤에서 깍지 끼는 것은 불안감의 신호
- 손등을 보이면서 제스처하면 더 지적으로 보임
- 손바닥을 자주 보이면 아이처럼 보일 수 있음
- 중요 포인트 강조할 때 손으로 표현
- 너무 자주 움직이면 주의 분산
- 균형 있는 손 동작이 핵심

**시선 처리의 기술**

- 청중을 돌아다니며 보기
- 2분에 한 바퀴 정도 시선 순회
- 너무 빨리 돌면 어지럽고, 너무 천천히 돌면 편향적
- 중요 인물과 5초 정도 아이컨택트 유지
- 슬라이드만 보고 말하는 실수 피하기
- 청중과 시선 연결이 끊기면 메시지 전달력 약화
- 중요한 주장 던질 때 핵심 인물과 눈 맞추기
- 시선은 자신감과 신뢰의 표현

**손의 위치와 움직임 : 허리 위, 45도 각도**

많은 한국 사람들이 발표할 때 가장 어색해하는 부분이 "손을 어디에 둬야 할까"다. 어떤 사람은 주머니에 손을 넣고, 어떤 사람은 뒤에서 깍지를 낀다. 이 모든 행동은 실제로는 약함과 불안감의 신호다.

올바른 방법은 이렇다. 손은 항상 허리 위에서, 45도 각도로 들어 올려진 상태를 유지해야 한다. 손가락은 자연스럽게 펼친다. 이 자세는 당신을 열린 상태로 보이게 한다. 청중은 무의식적으로 "이 사람은 뭔가 감추지 않고 있다"고 느낀다.

또한 손바닥을 보여주기보다는 손등을 보이면서 제스처를 한다. 손바닥을 자주 보이면 아이처럼 보이고, 손등을 보이면 좀 더 격식 있고 지적으로 보인다. 이는 미묘하지만, 청중의 뇌는 이를 감지한다.

손의 움직임도 중요하다. 정적으로 가만히 있기보다는 자연스럽게 움직여야 한다. 중요한 포인트를 강조할 때는 손으로 강조하고, 설명할 때는 원을 그리거나 지점을 가리키는 식으로 시각적 도움을 주면 좋다. 다만, 너무 자주 움직이면 청중의 주의가 당신의 손으로만 간다. 균형이 핵심이다.

### 시선 : 2분에 한 바퀴, 중요한 사람은 5초

프레젠테이션 중 가장 하는 실수 중 하나가 슬라이드만 보고 말하는 것이다. 발표자가 계속 뒤를 돌아다니며 슬라이드를 본다면, 청중은 발표자가 아니라 슬라이드에 시선을 빼앗긴다. 결과적으로 당신과 청중 사이의 연결고리가 끊긴다.

올바른 시선 처리는 이렇다. 청중을 돌아다니며 본다. 대략 2분에 한 바퀴 정도의 속도로 시선이 청중 전체를 순회해야 한다. 너무 빨리 돌면 어지럽고, 너무 천천히 돌면 누군가 한 사람에게만 관심을 주는 것처럼 보인다.

특히 중요한 사람(투자자, 회사의 대표이사 등)이 청중에 있다면, 그 사람과의 아이 컨택트를 놓치면 안 된다. 다만, 한 사람에게 너무 오래 보고 있으면 위협적으로 느껴진다. 최대 5초 정도만 눈을 맞추는 것이 적절하다. 그 사람 앞에 중요한 주장을 던질 때, 눈을 5초 맞추고, 그 다음 다른 청중으로 시선을 옮기면 된다.

**발표의 시작과 끝 : 예의가 모든 것을 정한다**

발표는 인사로 시작해야 한다. "안녕하세요"라는 인사를 건네는 것만으로, 청중에게 당신을 대할 준비를 갖도록 신호를 보낸다. 또한 발표 끝나서도 "감사합니다"라는 인사로 마무리한다.

중간에 청중의 집중력이 흐트러질 수 있는데, 이때는 "지금까지 몇 페이지입니다"라고 진행 상황을 알려 주거나, "지금까지 이해가 되시나요?"라고 확인하면 청중의 주의를 다시 모을 수 있다.

또한 발표 도중 분위기를 읽어야 한다. 너무 심각한 내용만 계속 던지면 청중이 지친다. 반대로 너무 가볍기만 하면 전문성이 떨어진다. 심각한 이야기와 부드러운 이야기를 적절히 섞으면서, 청중의 감정과 집중도를 컨트롤해야 한다.

**프레젠테이션은 예술이자 과학이다**

프레젠테이션을 잘하는 사람들의 공통점은, 그것을 "타고난 재능"이 아니라 훈련의 결과로 본다는 것이다. 내용이 좋으면 충분하다는 생각에서 벗어나, 내용을 어떻게 전달할 것인가에 집중해야 한다.

10초, 2분, 15분의 각 상황별로 무엇을 말할 것인지를 연습하고, 10/20/30의 황금 법칙을 지키고, 슬라이드는 시각적으로 정교하게 만들고, 발표자 자신은 태도와 신체 언어로 신뢰를 쌓는 것. 이 모든 것이 조화를 이룰 때, 당신의 프레젠테이션은 청중의 마음을 움직일 수 있다.

처음부터 완벽할 리 없다. 하지만 10번, 20번, 50번을 반복하면서 하나씩 다듬어 나가면, 어느 순간 당신은 "프레젠테이션을 잘하는 사람"이 돼 있을 것이다. 그 사람이 투자자 앞에 서면 "이 사람은 뭔가 다르다"는 느낌을 줄 수 있고, 팀 앞에 서면 "저 사람을 따라가야겠다"는 생각을 갖게 만들 수 있다. 그것이 바로 프레젠테이션의 진정한 가치다.

# 7장
# 사업의 마무리

창업을 말하는 곳에서 EXIT 방법까지 다루는 경우는 흔치 않다. 이 자료는 배당, 상장(IPO·우회상장), 매각(M&A)을 모두 비교하며, 실제 사례까지 보여준다.

## 7.1 EXIT

### 1) EXIT란?

　EXIT(엑시트, 출구전략)는 창업자와 투자자가 장시간의 노력 끝에 회사 지분을 매각하고 투자 수익을 실현하는 과정이다. 스타트업 생태계에서 EXIT는 단순히 사업을 종료하는 것이 아니라, 창업자나 투자자가 투자한 자금을 회수하거나 창업자가 사업 성과를 거두는 전략적인 과정을 의미한다.

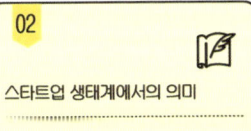

# EXIT란 무엇인가?

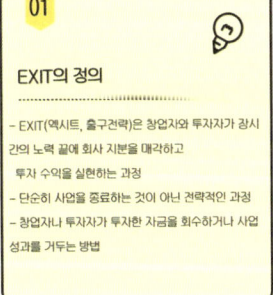

**01**

**EXIT의 정의**

- EXIT(엑시트, 출구전략)은 창업자와 투자자가 장시간의 노력 끝에 회사 지분을 매각하고 투자 수익을 실현하는 과정
- 단순히 사업을 종료하는 것이 아닌 전략적인 과정
- 창업자나 투자자가 투자한 자금을 회수하거나 사업 성과를 거두는 방법

**02**

**스타트업 생태계에서의 의미**

- 스타트업이 EXIT하면 모든 투자자(엔젤, VC, PE 등)가 투자금을 현금화 가능
- 초기 투자자와 창업자들은 투자 라운드에 따라 천차 만별의 수익률 실현 가능
- 창업자에게는 재정적 자유와 다음 도전을 위한 기회 제공
- 투자자에게는 자금 회수와 새로운 투자 기회 창출

**03**

**EXIT 전략이 중요한 이유**

- 스타트업은 초기에 '버닝(burning)' 전략으로 막대한 투자금을 사용
- 안정적 사업 운영 후에는 투자금 회수를 위한 EXIT 전략 필요
- 투자자들은 처음부터 EXIT를 염두에 두고 투자 결정
- 성공적인 EXIT는 스타트업 생태계의 선순환 구조 형성
- 창업자의 다음 도전과 투자자의 재투자를 가능하게 함

스타트업이 EXIT하게 되면 그 시점까지 투자했던 모든 엔젤 투자자, 벤처캐피털 투자자, 사모펀드 등이 회사에 투자한 금액을 현금화하여 자산을 유동화할 수 있다. 초기 투자자와 창업자들은 매우 큰 수익을 회수할 수 있게 되는데, 투자한 라운드에 따라 그 수익률은 천차만별이다.

EXIT 전략이 중요한 이유는 스타트업이 초기에 '버닝(burning)' 전략을 통해 막대한 투자금을 사용하기 때문이다. 스타트업들이 버닝 전략을 통해 안정적으로 사업을 이끌었다면, 이들은 사업 기간 동안 투자한 막대한 금액을 충당하기 위해 EXIT 전략을 구축하게 된다.

## 2) EXIT의 주요 형태

EXIT는 성공과 실패, 그리고 중립적인 형태로 나눈다. 먼저 실패 EXIT 는 파산(자금 고갈로 인한 영업 중단)과 청산(비전 상실로 인한 자발적 정리)이 있다. 중립적 EXIT 로는 가업승계(가족·지인에게 사업을 물려줌)가 있다..

**성공 EXIT 의 대표적인 형태는 다음과 같습니다**

### 2-1 M&A (인수합병)

 M&A는 스타트업 출구전략의 가장 보편적인 방식 이다. 한 통계자료에 따르면 스타트업 EXIT 케이스의 약 90% 이상이 M&A에 해당한다. M&A는 일반적으로 대기업 등이 해당 스타트업의 지분을 취득함으로써 경영권을 취득하는 방식으로, 이에 대한 대가로 현금 또는 인수회사의 주식을 교부받게 된다.

M&A는 두 가지 유형으로 나눈다. 전략적 M&A(Strategic M&A) 는 인수 기업이 스타트업의 기술, 인재, 고객 기반 등을 자신의 비즈니스 전략에 통합하려는 목적으로 진행된다. 재무적 M&A(Financial M&A) 는 사모펀드나 투자기관이 순수하게 수익 창출을 목표로 진행하는 M&A다.

창업자가 회사를 매각한다는 것은 단순히 "팔았다, 돈 벌었다"의 문제가 아니다. 몇 년, 몇 십 년 동안 쌓아온 시간과 사람, 브랜드와 문화, 시행착오까지 하나의 거래 안에 묶어 누군가에게 넘기는 일이다. 그래서 매각은 창업의 마지막 챕터이자, 가장 전략적이고도 감정적인 순간이다. 배달의민족이 독일 딜리버리히어로에 4조 원대 가치로 인수되며 한국 스타트업 생태계의 상징적 사건이 되었듯, 잘 준비된 매각은 창업자와 투자자에게 "행복한 엔딩"이 될 수 있다.

**– 왜 매각을 전제로 창업을 생각해야 하는가**

## 좋은 매각을 위한 전제조건

### 주식(지분) 매각
- 회사 전체 매각 방식
- 장점: 계약관계, 인허가, 고용관계 등 사업 연속성 유지
- 단점: 숨은 부채나 소송 등 법적 리스크까지 인수해야 함

### 사업(영업) 매각
- 특정 사업부나 자산만 매각하는 방식
- 장점: 필요 없는 부채나 리스크는 남겨두고 원하는 부분만 매각 가능
- 단점: 개별 자산·계약·인력 이전 절차가 복잡함

### 재무의 투명성
- 정리된 재무제표
- 일관된 매출·비용·이익 보고
- 투명한 회계처리
- 세금 납부 내역

### 운영의 시스템화
- 창업자 개인 역량에 의존하지 않는 구조
- 명확한 프로세스
- 체계화된 매뉴얼
- 조직 중심 운영

### 미래 성장 스토리
- 현재 숫자 외에 미래 성장 가능성
- 인수 후 시너지
- 시장 확장성
- 설득력 있는 비전

### 체계적인 문서화
- 법률·재무·인사 문서 정리
- 지식재산권 보호
- 계약서 체계화
- 실사 대비 자료

많은 창업자가 창업 초기에는 "평생 갈 회사"를 꿈꾸지만, 실제 통계와 자본의 논리는 조금 다르다. 벤처캐피털은 회수(exit)를 통해 수익을 실현해야 하고, 그 회수 방식의 상당수가 IPO가 아니라 M&A, 즉 매각이다. 국내외 자료들을 봐도, 스타트업 엑싯의 다수가 상장보다 인수·합병을 통해 이루어진다.

창업자 개인에게도 매각은 중요한 의미를 갖는다. 첫째, 장기간 묶여 있던 지분을 현금화해 재정적 자유를 확보할 수 있다. 둘째, 다음 창업이나 투자자로의 전환 등 "두 번째 인생"을 준비할 자본을 손에 쥐게 된다. 셋째, 회사 입장에서도 더 큰 플레이어의 품 안에서 성장하거나, 전략적 시너지를 통해 새로운 도약을 할 기회를 얻는다.

그래서 요즘의 성숙한 창업자들은 "언젠가 매각을 할 수도 있다"는 사실을 전제로 회사를 설계한다. 처음부터 팔 수 있는 회사, 즉 창업자가 없어도 돌아가는 시스템, 투명한 재무, 정리된 지식과 프로세스를 갖춘 회사를 만드는 것이다. 배달의민족 딜처럼 수조 원대 거래가 가능했던 것도, 단순히 앱 하나 잘 만들어서가 아니라, 한 시장에서 압도적 지위와 운영력을 증명해냈기 때문이다.

**– 무엇을 파는가 : 주식 매각 vs 사업 매각**

"매각"이라고 다 같은 매각이 아니다. 구조를 어떻게 짜느냐에 따라 세금, 리스크, 이후 삶까지 달라진다. 크게 보면 두 가지다.

**주식(지분) 매각 – 회사 전체 매각**

주주가 보유한 주식을 매수자에게 넘기는 방식이다. 회사라는 법인은 그대로 유지되고, 지분의 주인이 바뀌는 구조다.
- 장점 : 회사의 계약관계, 인허가, 직원 고용관계 등이 그대로 유지되므로 사업 연속성이 높다.
- 단점 : 매수자 입장에서는 회사가 과거에 안고 있던 숨은 부채나 소송, 법적 리스크까지 떠안게 되므로 실사가 매우 까다로워진다.

**사업(영업) 매각 – 특정 사업부만 떼어 파는 방식**

회사 전체가 아니라, 특정 사업부나 자산·기술만 따로 떼어 넘기는 방식이다.
- 장점 : 필요 없는 부채나 리스크는 남겨두고, 원하는 사업·자산만 선택적으로 넘길 수 있어 유연하다.
- 단점 : 개별 자산·계약·인력 이전 절차가 필요해 행정이 복잡할 수 있고, 고객·파트너 재계약이 필요하기도 하다.

스타트업의 경우, "창업자 중심 회사 전체"인 경우가 많기 때문에, 실제로는 주식 매각이 일반적이다. 다만 회사가 이미 여러 사업을 병행하고 있거나, 일부만 정리하고 싶을 때는 사업 매각이 더 적합한 선택이 되기도 한다.

**– 좋은 매각을 위한 전제 : '창업자 없어도 되는 회사'**

매각은 하루아침에 결정되는 이벤트가 아니다. 준비가 안 된 회사는 아무도 사고 싶어 하지 않는다.

매수자가 보는 핵심은 세 가지다.

● 재무의 투명성 : 재무제표가 정리되어 있는지, 매출·비용·이익이 일관되게 보고되는지.

● 운영의 시스템화 : 창업자 개인의 역량에 의존하지 않고, 프로세스·매뉴얼·조직으로 회사가 돌아가는지.

● 미래 성장 스토리 : 현재 숫자뿐만 아니라, 이 회사를 인수했을 때 어디까지 키울 수 있을지에 대한 설득력 있는 이야기.

법률·재무·인사·지식재산(IP) 등 기본적인 문서와 계약들이 체계적으로 정리되어 있지 않으면, 실사 과정에서 감점 요인이 된다. 일부 스타트업은 자료 미비, 비공식 계약, 창업자 개인계좌 활용 등으로 인해 실사 단계에서 가치가 10~20% 이상 깎이는 경우도 있다.

결국 매각을 잘하려면, "팔기 직전에 포장"하려고 하지 말고, 애초에 매각이 가능한 상태로 회사를 키워야 한다는 교훈이 나온다.

– 매각은 어떻게 진행되는가 : 다섯 단계의 긴 레이스

## 매각 진행 과정: 다섯 단계의 레이스

**1단계: 준비 단계**
- 매각 전략 및 구조 결정
- 공개경쟁 vs 수의계약
- M&A 자문사, 법무법인, 회계법인 선정

**2단계: 잠재 매수자 접촉**
- 잠재 매수자 리스트업
- 비밀유지계약(NDA) 체결
- 예비의향서(LOI) 교환

**3단계: 실사(Due Diligence)**
- 회계·법률·세무·사업 실사
- 숨은 리스크 파악
- DCF, 비교기업 등 가치평가

**4단계: 협상과 계약**
- 주당 가격, 총 거래 금액
- 일시금 vs 분할 지급
- 진술·보장 조항
- 클로징 조건

**5단계: 클로징과 사후 통합**
- 주주총회 승인, 감독기관 신고
- 대금 지급, 주권 이전
- PMI(인수 후 통합) 진행

실제 M&A 매각 절차는 생각보다 길고 복잡하다. 여러 자료를 종합하면, 보통 다음과 같은 흐름이다.

### 준비 단계 – 전략·구조·자문사 결정

매각을 할지 말지, 어떤 방식으로 할지, 어느 시점이 적절할지 내부적으로 먼저 결정한다. 공개경쟁으로 여러 후보를 모을지, 전략적 바이어 한두 곳을 겨냥한 수의계약으로 갈지, 주식 매각과 사업 매각 중 무엇이 유리할지 검토한다. 이 단계에서 보통 M&A 자문사(IB), 법무법인, 회계법인을 선정한다. 전문가 없이도 이론상 진행은 가능하지만, 실제로는 가격·조건·리스크에서 큰 손해를 볼 가능성이 크다. 자문사는 요약 정보(Teaser)와 투자실명서(IM)를 만들어 잠재 매수자에게 회사의 매력을 전달하는 역할을 한다.

### 잠재 매수자 접촉과 예비의향(LOI)

전략에 맞는 후보군을 리스트업하고, 정보 플라이어를 보내 관심을 타진한다. 관심을 보이는 곳과는 비밀유지계약(NDA)을 맺고, 보다 상세한 정보를 공유한다. 이 과정에서 LOI(인수의향서)가 오가며, 대략적인 가격 밴드와 조건이 논의된다.

스타트업 입장에서는 이 단계에서 "누구에게 팔 것인가"가 상당부분 정해진다. 단순히 가격만 볼 것이 아니라, 인수 후 시너지, 직원·브랜드의 처리 방식, 창업자의 역할 등을 함께 고려해야 한다.

## 실사(Due Diligence)와 가치평가

본격적으로 회계·법률·세무·사업 실사가 진행되는 단계다. 매수자는 회사의 재무제표, 계약, IP, 인사, 소송·채무 현황 등을 샅샅이 확인한다. 실사 과정에서 발견되는 리스크는 곧 가격 조정의 근거가 된다. 이때 DCF(현금흐름할인법), 비교기업·거래사례 비교법 등으로 기업가치가 산출된다. 숫자뿐 아니라, 성장 속도, 시장 점유율, 기술 진입장벽 등 비재무 요소도 함께 반영된다.

## 협상과 계약

실사가 어느 정도 마무리되면, 구체적인 조건 협상으로 들어간다.
- 주당 가격, 총 거래 금액
- 일시금 vs 분할 지급, Earn-out(성과 연동 추가 보상) 여부
- 진술·보장 조항(대표가 회사 상태를 보증하는 조항)
- 클로징 조건(정부 승인, 주주총회 결의 등)

이 단계에서 법률 자문은 필수다. 한국 중소기업·스타트업 중 상당수가 계약 조건을 제대로 이해하지 못한 채 서명했다가, 이후 분쟁이나 예상치 못한 세금 부담으로 어려움을 겪기도 한다.

## 클로징과 사후 통합(PMI)

계약서 서명이 끝났다고 모든 것이 끝난 것은 아니다. 실제로는 주주총회 승인, 감독기관 신고, 대금 지급, 주권 이전, 정산실사 등 "거래 종결"을 위한 절차가 남아 있다.

이후에는 PMI(Post-Merger Integration), 즉 인수 후 통합 과정이 이어진다. 조직·문화·시스템을 어떻게 통합할지에 따라, 매각의 진짜 성패가 갈린다. 좋은 사례에서는 인수 후 양사 시너지가 현실화되지만, 나쁜 사례에서는 핵심 인력이 빠져나가고 브랜드 가치가 훼손되기도 한다.

**– 매각의 함정과, 창업자가 잊지 말아야 할 태도**

매각은 "꽃길"만은 아니다. 잘못된 매각은 창업자에게 경제적·정서적 상처를 남길 수 있다. 몇 가지 대표적인 함정은 다음과 같다.

- 타이밍을 놓친 매각 : 실적이 정점을 찍은 뒤 하락세가 시작된 후에야 매각을 추진하면, 매수자들은 이미 시장에서 그 신호를 보고 있다. 가격이 낮게 책정되거나, 딜 자체가 무산될 수 있다.
- 실사 과정의 정보 유출 : 여러 후보에게 동시에 정보를 제공하다 보면, 경쟁사에 민감한 데이터가 넘어갈 위험이 있다. NDA는 기본이고, 정보 공개 범위를 단계적으로 설계해야 한다.
- '나를 파는' 매각 : 회사를 파는 것과 자기 자신까지 종속시키는 것은 다르다. 일정 기간 경영을 도와주는 것은 괜찮지만, 장기간 고용계약처럼 묶여버리면 창업자로서의 자유와 다음 도전의 시점을 잃을 수 있다.

그래서 종종 나오는 조언이 "회사만 팔고, 나 자신은 팔지 말라"는 말이다. 즉, 회사의 지분과 경영권은 넘기되, 창업자는 어느 시점에 자연스럽게 손을 떼고 다음 단계로 넘어갈 수 있는 조건을 함께 설계해야 한다.

## – 마무리 : 매각은 도망이 아니라 '완성된 한 챕터'

한국에서는 아직도 "회사를 판다"는 말에 부정적 뉘앙스를 담는 시선이 남아 있다. "끝까지 안고 가야지", "왜 자기 회사를 남에게 넘기냐"는 식의 반응이다. 그러나 글로벌 스타트업 생태계의 관점에서 보면, 매각은 도망이 아니라 완성된 한 챕터다.

중요한 것은, 우연히 매각을 당하는 회사가 아니라, 의도적으로 매각을 설계한 회사가 되는 것이다. 창업 초기부터 엑싯 전략을 상상하고, 시스템과 재무와 문화를 "팔 수 있는 상태"로 만들어 가는 것. 그렇게 준비된 회사만이, 적절한 시점에, 적절한 파트너에게, 좋은 가격과 조건으로 새로운 주인을 만날 수 있다.

창업자에게 매각은 끝이 아니다. 한 번의 매각으로 얻은 경험과 자본, 네트워크는 두 번째, 세 번째 도전을 위한 연료가 된다. 매각을 부끄러워할 필요도, 과도하게 미화할 필요도 없다. 다만, 그 순간이 왔을 때 후회 없는 선택을 하기 위해, 오늘부터 매각 가능한 회사를 설계하는 것, 그것이 지금 우리가 할 일이다.

국내 스타트업의 성공적인 M&A 사례로는 2008년 넥슨의 네오플 인수, 2006년 네이버의 첫눈 인수 등이 있다. 또한 티몬의 LivingSocial/Groupon 으로의 M&A, 클럽베닛의 Reebonz로의 M&A, 파이브락스의 Tapjoy로의 M&A 등도 있다.

## 2-2 IPO (기업공개)

 IPO(Initial Public Offering), 즉 기업공개는 많은 창업자가 "최종 목표"처럼 바라보는 무대다. 비상장으로 조용히 성장하던 회사가 증권시장에 모습을 드러내며, 일반 투자자들에게도 지분을 나누는 순간이다. 겉으로는 종소리 울리며 시가총액이 얼마다, 공모가가 얼마다 하는 숫자들이 화제를 모으지만, 그 뒤에는 수년간의 준비와 냉정한 심사가 겹겹이 쌓여 있다.

### – 왜 IPO를 꿈꾸는가

IPO의 가장 직접적인 목적은 대규모 자금 조달이다. 벤처캐피털, 엔젤, 전략적 투자자 등 제한된 투자자에게서 돈을 받는 방식과 달리, 상장은 공모(공개모집)를 통해 시장 전체에서 자금을 끌어올 수 있다.

## IPO 진행 과정

### IPO의 장점

- 대규모 자본: 설비투자, M&A, 글로벌 확장을 위한 자금 확보
- 브랜드 효과: 상장기업 타이틀로 신뢰도 향상, 매출·제휴·채용 우위
- 지배구조 개선: 내부통제, 이사회 구조, 투명한 공시 체계 구축

### IPO의 부담

- 투명성 강제: 분기별 실적 발표, 중요 의사결정 공시 의무
- 주가 변동성: 회사 본질가치와 무관한 시장 심리에 따른 주가 변동
- 비용과 시간: 상장 준비에 1년 이상 소요, 주관사 수수료 등 비용 발생

### 1. 내부 정비와 주관사 선정

- 재무제표를 국제회계기준에 맞게 정비
- 내부통제·리스크 관리 체계 구축
- 증권사(주관사) 선정 및 전략 수립

### 2. 상장 예비심사 청구

- 한국거래소에 상장 예비심사 청구
- 자본금, 매출, 영업실적, 계속성,
  지배구조 등에 대한 심사 진행

### 3. 증권신고서 제출 및 공시

- 금융위원회에 증권신고서 제출
- 사업 개요, 재무 상태, 리스크 요인,
  공모 구조, 자금 사용 계획 포함

### 4. IR과 수요예측

- 기관투자자 대상 IR 로드쇼 진행
- 공모 희망가 밴드와 실제 수요 파악
- 최종 공모가 결정

### 5. 공모 청약과 상장

- 일반 투자자 청약 진행
- 주식 배정 및 상장일 거래 시작
- '상장사로서의 삶' 시작

공장 증설, 대규모 R&D, 해외 진출 같은 "점프"가 필요한 시점에서, 수천억 단위의 자본을 한 번에 조달할 수 있는 수단이 사실상 IPO뿐인 경우가 많다.

그러나 돈만이 이유는 아니다. 상장은 신뢰의 인증서 역할을 한다. 외부 감사, 공시 의무, 내부통제 시스템을 갖춘 기업만이 증시에 들어올 수 있기 때문에, 상장기업이라는 타이틀은 곧 "최소한의 투명성과 규모를 갖추었다"는 신호가 된다. 이 신호는 고객·파트너·인재 유치에 모두 긍정적으로 작용한다.

창업자와 초기 투자자에게 IPO는 엑싯 수단이기도 하다. 지금까지 장부상의 숫자에 불과했던 지분이, 상장 후 유동성을 갖게 되면서 현실의 현금 가치로 전환될 수 있기 때문이다. 물론 보호예수 기간, 주식 매각 제한 등 제약이 있지만, 장기적으로 보면 IPO는 창업자·투자자의 수익 실현을 가능하게 하는 가장 제도화된 경로다

**– 빛과 그림자 : IPO의 장점과 부담**

IPO의 장점은 분명하다.
- 대규모 자본 : 대규모 설비투자·M&A·글로벌 확장을 위한 실탄을 확보한다.
- 브랜드 효과 : 상장기업이라는 타이틀이 신뢰를 높여 매출·제휴·채용에서 우위를 만든다.
- 지배구조 개선 : 상장 과정에서 내부통제·이사회 구조·공시

하지만 그만큼 무거운 부담도 따라온다.첫째, 공개 기업으로서의 투명성 강제다. 분기마다 실적을 발표해야 하고, 중요한 의사결정은 공시 대상이 된다. 창업자는 더 이상 소수 투자자만 설득하면 되는 위치가 아니라, 수많은 개인·

기관 투자자의 시선을 받는 위치가 된다.

둘째, 주가라는 새 변수가 생긴다. 회사의 본질가치와 무관하게, 시장 심리·금리·섹터 분위기에 따라 주가가 크게 출렁일 수 있다. 창업자 입장에서는 장기 전략을 밀어붙이고 싶어도, 단기 실적과 주가 하락을 우려하는 목소리를 동시에 상대해야 한다.

셋째, 비용과 시간이다. 상장을 준비하는 1년 이상 동안, 경영진과 재무팀·법무팀의 상당한 에너지가 IPO 프로젝트에 투입된다. 주관사 수수료, 법률·회계 자문, IR 비용 등도 적지 않다. 따라서 성장 단계와 내부 역량이 성숙하지 않은 상태에서 무리한 상장을 시도하면, 본업과 상장 준비 둘 다 어중간해질 위험이 있다.

**- IPO는 어떻게 진행되는가**

IPO 절차는 흔히 마라톤에 비유된다. 출발선에 서기까지의 몸만들기, 예선 통과, 본선 레이스, 결승선 통과까지 여러 단계가 이어진다. 한국 시장 기준으로 간단히 정리하면 다음과 같다.

1. 내부 정비와 주관사 선성상장 1~2년 전부터 재무제표를 국제회계기준에 맞게 정비하고, 내부통제·리스크 관리 체계를 구축한다. 이후 증권사(주관사)를 선정해 상장 파트너를 정한다. 주관사는 기업 실사와 가치평가, 공모구조 설계, 투자자 대상 IR 전략까지 같이 짠다.
2. 상장 예비심사 청구한국거래소에 상장 예비심사를 청구하면, 일정 기준(자본금, 매출, 영업실적, 계속성, 지배구조 등)에 대한 서류·질적 심사가 진행

된다. 코스피와 코스닥은 요구 수준이 다르지만, 어느 시장이든 "지속가능한 사업이냐"는 질문에 답해야 한다는 점은 같다.

3. 증권신고서 제출 및 공시예비심사를 통과하면 금융위원회에 증권신고서를 제출한다. 여기에는 사업 개요, 재무 상태, 리스크 요인, 공모 구조, 자금 사용 계획 등이 상세히 담긴다. 이 문서는 투자자들이 회사의 본질을 판단하는 핵심 자료가 된다.

4. IR과 수요예측기관투자자를 상대로 한 IR 로드쇼가 진행되고, 이 과정에서 공모 희망가 밴드와 실제 수요를 파악한다. 수요예측 결과를 바탕으로 최종 공모가가 결정된다. 이 단계에서 회사가 얼마나 설득력 있게 성장 스토리를 전하는지가 상장 후 시가총액에 직접적인 영향을 미친다.

5. 공모 청약과 상장일반 투자자 청약을 거쳐 주식이 배정되고, 상장일에 거래가 시작된다. 종소리가 울리는 것은 이 시점이지만, 실상은 그 전에 이미 1년 이상 달려온 레이스의 종착점이다. 이후부터는 "상장사로서의 삶"이 새로 시작된다.


– 상장 시장 선택 : 코스피 vs 코스닥

한국에서는 주로 코스피와 코스닥 두 시장이 IPO의 대표 무대다.
- 코스피는 상대적으로 규모가 크고 안정적인 기업을 대상으로 하며, 자본금·매출·이익 요건이 높다.
- 코스닥은 기술력과 성장성을 중심으로 보는 시장이라, 매출·이익 요건이 상대적으로 유연하다.

성장 단계의 스타트업이라면 보통 코스닥이 현실적인 선택이다. 다만 어느 시장이든 공통적으로 요구하는 것은 일관된 성장 스토리와 신뢰할 수 있는 재무·지배구조다. "적자를 찍고 있어도 성장성이 입증되면 된다"는 말은 절반의 진실일 뿐, 성장성에 대한 매우 구체적 증거와 논리가 함께 따라올 때에만 통한다.

## - 창업자를 위한 현실적인 조언

IPO를 바라보는 시각에서 가장 위험한 것은, 이를 "한 방에 끝내는 엑싯"으로만 보는 태도다. 상장은 분명 창업자와 초기 투자자에게 유동화를 제공하지만, 동시에 "공개기업 CEO"라는 새로운 역할과 책임을 가져다준다.

따라서 몇 가지 현실적인 조언을 정리해보면 이렇다.
- 시기 선택이 중요하다 : 매출과 이익이 막 오르기 시작한 구간, 시장이 해당 섹터에 우호적인 시기를 노려야 한다.
- 2년 전부터 준비하라 : 회계·법무·내부통제를 상장 직전에 급히 맞추려 하면, 실수가 쌓이고 심사에서 막힌다.
- 상장 후 시나리오까지 설계하라 : IPO는 끝이 아니라 중간 지점이다. 상장 이후 어떤 사업 확장, 어떤 M&A, 어떤 글로벌 전략을 펼칠지까지 미리 그려야 한다.
- 대안도 염두에 두라 : 시장 상황에 따라 SPAC 상장, 프리 IPO 라운드, 전략적 매각(M&A) 등 다른 엑싯 경로가 더 유리할 때도 있다.

결국 IPO는 "회사에 대한 가장 공적인 시험대에 서는 것"이다. 이 시험을 치를지 말지는 각 회사의 성장 단계, 산업 특성, 창업자의 비전과 스타일에 따라 다르다. 중요한 것은, 상장을 하나의 신화로 떠받들기보다, 여러 엑싯 옵션 중 하나로 냉정하게 바라보는 태도다. 그래야만, "우리에게 가장 맞는 길이 무엇인가"라는 보다 본질적인 질문에 답할 수 있다.

### 2-3 우회상장

우회상장과 SPAC 상장은 모두 "정면 돌파 IPO"가 부담스러운 기업에게 열려 있는 우회로다. 그러나 둘은 구조도, 의도도, 리스크도 다르다.

**– 우회상장 : 뒷문으로 들어가는 상장, 그 유혹과 대가**

우회상장(backdoor listing, reverse merger)은 말 그대로 "정문 대신 옆문으로 들어가는 상장"이다. 비상장 회사가 상장 적격 심사와 공모 절차를 모두 밟는 정석 IPO 대신, 이미 상장되어 있는 회사를 인수·합병하거나 주식교환·제3자 배정 유상증자를 활용해 상장 지위를 "얻어오는" 방식이다.

## 우회상장: 개념과 특징

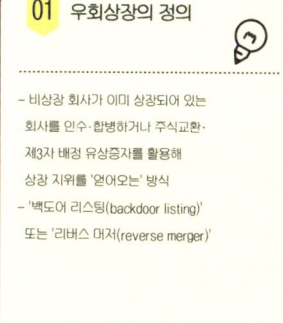

**01 우회상장의 정의**

- 비상장 회사가 이미 상장되어 있는 회사를 인수·합병하거나 주식교환·제3자 배정 유상증자를 활용해 상장 지위를 '얻어오는' 방식
- '백도어 리스팅(backdoor listing)' 또는 '리버스 머저(reverse merger)'

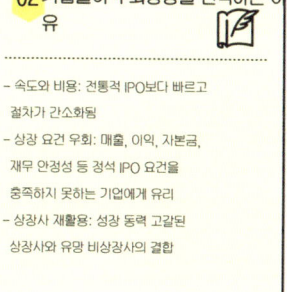

**02 기업들이 우회상장을 선택하는 이유**

- 속도와 비용: 전통적 IPO보다 빠르고 절차가 간소화됨
- 상장 요건 우회: 매출, 이익, 자본금, 재무 안정성 등 정석 IPO 요건을 충족하지 못하는 기업에게 유리
- 상장사 재활용: 성장 동력 고갈된 상장사와 유망 비상장사의 결합

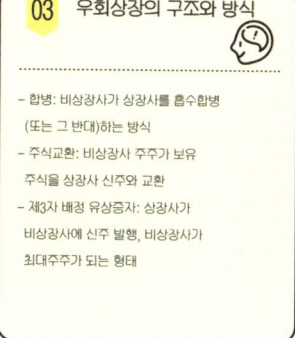

**03 우회상장의 구조와 방식**

- 합병: 비상장사가 상장사를 흡수합병 (또는 그 반대)하는 방식
- 주식교환: 비상장사 주주가 보유 주식을 상장사 신주와 교환
- 제3자 배정 유상증자: 상장사가 비상장사에 신주 발행, 비상장사가 최대주주가 되는 형태

표현은 부드럽지만, 실상은 매우 적극적인 전략이다. 비상장사가 스스로 상장 문턱을 넘기 어렵다고 판단하거나, 시간과 비용을 단축하고 싶을 때 상장사를 찾아 들어가는 구조이기 때문이다. 그래서 우회상장은 종종 "백도어 리스팅"이라는 이름으로 불리며, 자본시장에서는 늘 논쟁의 중심에 서 있다. 왜 기업들은 우회상장을 택하는가

첫 번째 이유는 속도와 비용이다. 전통적인 IPO는 예비심사, 공모, 수요예측, IR, 상장 심사 등 복잡한 관문을 1~2년에 걸쳐 통과해야 한다. 반면 우회상장은 기존 상장사의 틀을 그대로 이용하기 때문에, 별도의 신규 상장 심사 과정을 상당 부분 생략할 수 있다. 이는 특히 시간에 쫓기는 기업, 예를 들어 시장 타이밍을 놓치고 싶지 않은 테크 기업이나, 자금 수혈이 급한 상황에서 매력적인 옵션처럼 보인다.

두 번째 이유는 상장 요건의 우회다. 매출, 이익, 자본금, 재무 안정성 등 정석 IPO 요건을 지금 당장은 충족하지 못하지만, 성장성과 스토리는 충분하다고 생각하는 기업들이 있다. 이들에게 우회상장은 "미리 시장에 들어가서 성장 과실을 누리자"는 유혹을 제공한다. 실제 한국 제도도, 원래 취지는 "성장성은 높지만 요건이 조금 부족한 기업에게도 통로를 열어주자"는 데 있었다.

세 번째 이유는 상장사의 재활용이다. 성장 능력이 고갈된 상장사 입장에서, 유망 비상장사와 결합해 새 사업을 얹는 것은 일종의 재도약 수단이 된다. 정체된 기존 상장사와 빠르게 성장하는 비상장사가 합쳐져 "새 회사"를 만드는 구조는, 겉으로 보기에는 모두에게 좋은 거래처럼 보인다.

## 구조와 방식 : 어떻게 '뒷문'으로 들어가는가

우회상장은 여러 법적 수단을 조합해서 이루어진다. 대표적인 방식은 다음과 같다.

- 합병 : 비상장사가 상장사를 흡수합병(또는 그 반대)해 상장 지위를 그대로 이어받는 방식.
- 주식교환 : 비상장사의 주주가 보유 주식을 상장사 신주와 맞바꾸어, 실질적인 지배권이 비상장사 주주에게 넘어가는 구조.
- 제3자 배정 유상증자 : 상장사가 비상장사에 신주를 발행하고, 비상장사가 이를 인수해 최대주주가 되는 형태.

규제상으로는 "우회상장으로 인정되는 기준"도 있다. 예컨대 상장사와 비상장사 사이에 자산·매출·순자산 규모 등에서 비상장사가 일정 수준 이상 더 크면, 거래소는 이를 사실상 우회상장으로 보고 추가 심사나 규제를 적용할 수 있다. 그만큼 감독당국도 이 방식을 예의주시하고 있다는 의미다.

## 장점 : 빠르고, 싸고, 한 번에

우회상장이 가진 매력은 요약하면 세 가지다.

- 상장 절차의 간소화 : 신규 상장 심사 절차를 상당 부분 생략하거나 축소할 수 있어, 시간과 절차적 부담이 줄어든다.
- 비용 절감 : IPO 대비 금융자문, 회계·법률 준비, IR 비용 등이 상대적으로 적게 들 수 있다.
- 상장 혜택의 조기 확보 : 상장사의 세제 혜택, 신용도 향상, 자금 조달 편의, 스톡옵션 활용 등 이점을 빠르게 누릴 수 있다.

특히, 상장 이후 추가 공모나 CB·BW 발행 등을 통해 자본시장 접근이 쉬워지는 점은, 자금 갈증이 심한 성장기업에게 큰 장점으로 작용한다.

### 단점과 리스크 : '문턱 낮추기'의 부메랑

그러나 우회상장이 항상 "빠르고 좋은 길"인 것은 아니다. 오히려 제대로 준비되지 않은 우회상장은 투자자와 회사 모두에게 악몽이 될 수 있다.

첫째, 투명성·신뢰 문제다. 상장요건을 정면으로 충족하지 못한 기업이 "뒷문"으로 들어오는 구조인 만큼, 투자자 입장에서는 "왜 정석 IPO를 선택하지 않았는가"라는 의심을 품기 쉽다. 실제로 일부 우회상장 사례에서는, 합병 후 재무부실·분식회계·주가 급락이 이어지며 일반투자자가 큰 손실을 본 경우가 적지 않다. 이 때문에 감독당국도 우회상장 규제를 강화해 왔다.

둘째, 기존 상장사의 리스크 승계다. 겉으로는 비상장사가 상장사를 "이용"하는 구조처럼 보이지만, 실제로는 상장사가 가진 과거의 채무, 소송, 잠재 리스크를 함께 떠안을 수 있다. 디딤돌로 삼으려던 기존 상장사가 사실은 "문제 덩어리 껍데기"일 가능성도 있다는 뜻이다.

셋째, 규제와 이미지 리스크다. 자본 시장에서는 여전히 "우회상장 = 편법"이라는 뉘앙스가 강하다. 제도 취지는 성장기업의 문턱을 낮추는 데 있었지만, 실제로는 기준 미달 기업이 무리하게 상장하는 통로로 악용된 전력이 있기 때문이다. 결과적으로 우회상장 기업은 상장 이후에도 더 강한 감시와 선입견 속에서 출발하게 된다.

**창업자를 위한 현실적 시사점**

우회상장은 "상장을 포기할까, 말까" 사이에서 고민하는 기업에게 매력적인 옵션처럼 보인다. 그러나 이 길을 택하기 전에 스스로에게 물어야 할 질문이 있다.

• 우리 회사는 정말로 정석 IPO 요건을 충족할 수 없는가, 아니면 단지 시간을 단축하고 싶은가.
• 합병 대상 상장사의 재무·법적 리스크는 충분히 검토했는가.
• 우회상장 이후, "편법 상장"이라는 시선을 이겨낼 만큼의 실적과 투명성을 보여줄 자신이 있는가.

우회상장은 출발을 쉽게 만드는 대신, 상장 후의 신뢰 부채를 더 짊어질 수도 있다. 뒷문으로 들어가는 선택이 결국 더 가파른 계단을 오르게 만들 수 있다는 사실을, 창업자는 냉정하게 계산해야 한다.

**2-4 SPAC 상장 : 빈 껍데기 회사를 먼저 띄우고, 나중에 내용을 채우는 방식**

SPAC(Special Purpose Acquisition Company), 이른바 "스팩" 상장은 최근 몇 년 자본시장에서 가장 뜨거운 키워드 중 하나였다. 말 그대로 "기업인수목적회사", 아무 사업도 하지 않는 빈 껍데기 회사를 먼저 상장시키고, 나중에 이 껍데기가 비상장 회사를 인수·합병하는 구조다.

겉으로 보면 이것도 일종의 우회상장이다. 다만 기존 상장사의 껍데기를 활용하는 전통적 우회상장과 달리, SPAC은 애초에 인수합병을 위해 설계된 상장 껍데기라는 점에서 구조가 더 명시적이고 규제도 정교하게 설계되어 있

# SPAC 상장

## SPAC 상장의 장점

- 상장 절차·기간 단축
- 공모 흥행 실패 리스크 감소
- 합병 전 기업가치 사전 합의 가능

## SPAC 상장의 단점과 리스크

- 스폰서와 일반 투자자 간 이해상충
- 상장 후 주가 급락 시 신뢰도 하락
- 규제 환경 변화에 민감

## SPAC의 정의

- SPAC(Special Purpose Acquisition Company): 기업인수목적회사
- 실질 사업이 없는 '빈 껍데기 회사'를 먼저 상장시키고, 이후 비상장 회사를 인수·합병하는 구조
- 일종의 우회상장이지만 더 명시적인 구조

## SPAC의 기본 구조

- 스폰서(증권사·PEF·경영진)가 설립
- 공모를 통해 자금 모집(주당 일정 가격)
- 모집 자금은 신탁 계좌에 보관
- 보통 2~3년 기한 내 합병 대상 물색
- 기한 내 합병 실패 시 청산 및 투자자 원금 반환 구조

## SPAC 상장의 특징

- 투자자 보호: '합병이 실패해도 원금은 대체로 보호된다'는 인식 강함
- 비상장 기업 입장: 전통적 IPO보다 상장 요건·절차가 간소화됨
- 밸류에이션 협상: 합병 상대와 집중적으로 협상 가능

### – SPAC의 기본 구조 : "돈 든 껍데기 + 시간 제한"

SPAC은 몇 명의 스폰서(보통 증권사·PEF·경험 많은 경영진 등)가 설립한다. 이 회사는 실질 사업이 없고, 오로지 "미래에 좋은 비상장 회사를 찾아 합병하겠다"는 목적만 가진다. 이 상태에서 공모(보통 주당 2,000원 등 일정 가격)를 통해 일반 투자자들로부터 자금을 모으고, 그 돈은 신탁 계좌에 보관된다.

이후 보통 2~3년의 기간 안에 적당한 비상장 회사를 찾아 합병을 성사시키면, 그 비상장 회사는 곧바로 상장 지위를 얻게 된다. 만약 기한 내에 합병을 못하면? SPAC은 청산되고, 일반 투자자는 공모가(예 : 2,000원)와 이자를 돌려받는 구조다.

이 구조 때문에 SPAC은 투자자 입장에서 "합병이 실패해도 원금은 대체로 보호된다"는 인식이 강하다. 또한 비상장 기업 입장에서는 전통적인 IPO보다 상장 요건·절차가 상대적으로 간소하고, 밸류에이션 협상도 합병 상대로 집중해서 하면 되므로 유리해 보인다.

## – 왜 기업은 SPAC을 택하는가

전통적인 IPO와 비교했을 때, SPAC 상장의 장점으로 흔히 다음이 거론된다.
- 상대적으로 낮은 문턱 : 엄격한 예비심사·수요예측 과정을 거치는 직상장보다, SPAC 합병을 통한 상장은 절차가 간소하다는 인식이 있다.
- 시간·비용 절감 가능성 : 이미 상장되어 있는 SPAC과 합병하는 구조라, 신규 상장 심사보다 빠르게 시장에 진입할 수 있다는 기대가 있다.
- 밸류에이션 확정 : SPAC 스폰서와 합병 조건을 협상하면서 사전에 기업가치를 확정할 수 있어, 공모 과정에서 밸류가 크게 깎일 위험을 줄일 수 있다는 논리도 있다.

특히 전통적 IPO로는 설명·평가하기 어려운 혁신적 사업모델, 비공개가 필요한 기술, 수익 구조가 아직 안정되지 않은 기업 등에게 SPAC은 유연한 상장 통로로 인식된다.

## – 투자자 입장 : '안전한가, 불완전한가'

SPAC은 한때 "개미들에게도 비상장 투자 기회를 준다", "합병 실패 시 공모가 보장" 등의 홍보 문구로 인기를 끌었다. 실제로 공모가가 고정되어 있고, 합병이 안 되면 원금이 상환된다는 구조는 전통적 IPO 공모보다 안전해 보이는 면이 있다.

그러나 국내외 연구들은 보다 복잡한 현실을 보여준다. SPAC을 통한 상장이 항상 전통적 IPO보다 싸고 안전한 것은 아니며, 합병 이후 주가 부진으로 투자자 손실이 발생한 사례도 적지 않다는 것이다. 스폰서(발기인)는 상대적으로 적은 자기자본을 넣고도 큰 지분을 확보할 수 있는 구조여서, 일반 투자자와 이해관계가 엇갈리는 문제도 지적된다. 요컨대, SPAC은 구조적으로 보호장치가 있지만, 결과적으로 투자 성과가 항상 좋다는 보장은 없다는 점이 중요하다.

**– 장점과 단점 : 전통 IPO와의 비교**

정리하면, 비상장 기업이 SPAC 합병을 상장 경로로 택할 때 얻는 장점은 다음과 같다.

- 전통 IPO 대비 상장 절차·기간을 단축할 수 있다.
- 공모 흥행 실패 리스크가 상대적으로 낮다고 느낀다.
- 합병 전 단계에서 스폰서와 기업가치를 미리 합의할 수 있다.

반면 단점 및 리스크는 이렇다.

- 스폰서와 일반 투자자 간 이해상충 구조(스폰서 프로모트·캐리 등)로 인해, 장기 투자자 수익률이 좋지 않을 수 있다.
- 상장 후 주가 급락 또는 거래 부진 시, "SPAC 통해 상장했다"는 딱지가 오히려 신뢰에 악영향을 줄 수 있다.

- 규제 환경 변화에 매우 민감하다. 특정 시기에 SPAC이 붐을 이루다가, 감독당국의 규제 강화와 시장 심리 악화로 한꺼번에 냉각되는 패턴이 반복됐다.

### – 창업자가 SPAC을 볼 때 가져야 할 태도

SPAC 상장은 겉으로 보기에 "편한 길"처럼 보인다. 하지만 조금만 들여다보면, 이 역시 매우 정교한 설계와 준비가 필요한 선택이다.

창업자가 스스로에게 던져야 할 질문은 다음과 같다.

- 우리 비즈니스는 전통 IPO보다 SPAC이 정말 더 적합한가, 아니면 단지 "덜 까다로워 보인다"는 인상 때문인가.
- 합병 대상 SPAC의 스폰서는 신뢰할 만한가, 상장 이후에도 함께 갈 파트너인가.
- SPAC을 통한 상장이 회사의 브랜딩과 투자자 관계에 미칠 장기적 영향을 감수할 준비가 되어 있는가.

SPAC이든 정석 IPO든, 궁극적으로 시장이 보는 것은 같다. 이 회사가 투명하고, 지속가능하며, 설득력 있는 성장 스토리를 가지고 있느냐. 상장 경로는 다를 수 있지만, 그 질문 앞에서 도망칠 수 있는 회사는 없다.

# 7.2 금융공학

## 금 융 공 학

### 금융공학의 정의
- '돈의 물리학'으로 불리는 학문
- 불확실한 돈 흐름을 구조화
- 가격을 붙이고 위험을 관리하는 기술
- 전통 재무와 달리 미래의 경우의 수를 모델링
- 확률과 수학으로 금융 현상 분석
- 창업자의 자본 대화 능력 향상

### 금융공학의 핵심 요소
- 가치 평가(Valuation)
- 리스크 관리(Hedging)
- 최적화(Optimization)
- DCF부터 블랙-숄즈 모델까지
- 파생상품과 포트폴리오 설계
- 수익-위험 최적 조합 탐색

### 창업자에게 필요한 이유
- 투자 조건 공정성 판단
- 환율 변동 등 리스크 대응
- 현금 확보 최적 구조 설계
- 투자자와 전문적 대화 가능
- 감이 아닌 수치로 의사결정
- 자본시장 언어 이해 필수

### 자금 조달 구조 설계
- 투자 구조를 금융공학 언어로 분석
- 전환사채, 상환전환우선주 등 설계
- 현금흐름과 지분, 위험 배분 최적화
- 컨버터블 노트의 할인율 결정
- 밸류에이션 캡 설정의 과학적 접근
- 투자자-창업자 간 균형점 도출

### 금융 상품 이해
- 전환사채(CB)의 구조와 가치
- 상환전환우선주(RCPS)의 특성
- 워런트와 리픽싱 조항의 의미
- 각 상품의 리스크-수익 프로필
- 옵션과 채권의 혼합상품 이해
- 금융상품의 내재가치 평가 방법

### 투자 조건 협상
- 조건표(term sheet) 구조화 상품 관점 해석
- 투자자에게 유리한 콜옵션 식별
- 회사의 풋옵션 요소 파악
- 리스크 배분의 정량적 평가
- 협상 시 수치적 근거 제시
- 감이 아닌 시뮬레이션 기반 의사결정

금융공학이라는 말을 들으면 많은 창업자들이 먼저 겁부터 먹는다. 수학, 확률, 미적분, 블랙 숄즈, 포트폴리오 이론 같은 단어들이 떠오르면서 "그건 퀀트나 은행 딜러들 이야기지, 내 동네 스타트업이랑 무슨 상관이냐"는 생각을 하기 쉽다. 그런데 냉정하게 말해, 오늘날 자본시장에서 성장하고 버티려는 창업자라면 금융공학을 전문가 수준까지는 아니더라도 언어 수준으로는 이해할 줄 알아야 한다.

## - 금융공학은 '돈의 물리학'이다

금융공학을 한 줄로 요약하면 "불확실한 돈 흐름을 구조화해서, 가격을 붙이고, 위험을 관리하는 기술"이다. 전통적인 재무는 과거의 숫자(매출, 비용, 이익)를 정리하는 데 초점을 맞추지만, 금융공학은 앞으로 벌어질 수 있는 수많은 경우의 수를 확률과 수학으로 모델링한다.

여기서 핵심은 세 가지다.

- 가치 평가(Valuation) : 어떤 계약이나 증권이 지금 얼마짜리인지 계산하는 일이다. 장래 현금흐름을 할인해 현재 가치로 환산하는 DCF부터, 옵션처럼 비선형 구조를 가진 상품의 가격을 정하는 블랙 숄즈 모델까지 모두 여기에 속한다.
- 리스크 관리(Hedging & Risk Management) : 환율, 금리, 주가, 원자재 가격, 신용위험처럼 통제할 수 없는 요인들이 기업의 현금흐름을 좌우한다. 금융공학은 이 리스크들을 파생상품과 포트폴리오 설계로 줄이거나 이전한다.
- 최적화(Optimization) : 같은 기대수익이라면 위험이 더 적은 구조를 찾고, 같은 수준의 위험이라면 더 많은 수익을 내는 조합을 찾는다. 현대 포트폴리오 이론(MPT)과 각종 최적화 알고리즘이 여기서 활용된다.

창업자의 눈높이에서 보면, 금융공학은 결국 이런 질문에 답하게 해준다.

- "우리 회사에 투자하려는 사람에게 어떤 조건의 전환사채/워런트를 제시해야 서로 공정한가?"
- "달러 매출이 많은데 환율이 출렁이면, 순이익이 어떻게 변하고 어떻게 헤

지할 수 있을까?"

• "올해 안에 최소 얼마의 현금이 꼭 필요하고, 그걸 확보하는 가장 비용 효율적인 구조는 무엇인가?"

이 질문에 '감'이 아니라 수치와 구조로 답할 수 있을 때, 창업자는 진짜로 자본과 대화할 수 있게 된다.

### – 금융공학의 역사 : 수학이 월가에 들어오다

금융공학은 어느 날 갑자기 생긴 학문이 아니다. 1950년대 이후 자본시장의 복잡성이 커지고, 전 세계 돈의 흐름이 하나의 네트워크처럼 엮이면서 사연스럽게 등장했다.

1952년 해리 마코위츠가 발표한 현대 포트폴리오 이론은, 위험과 수익을 좌표축에 올려놓고 "효율적 포트폴리오"라는 개념을 처음 수학적으로 제시했다. 1960년대에는 샤프의 CAPM이 등장해 개별 자산의 기대수익을 시장 전체 움직임과 연결했다. 이때부터 주식은 "감으로 찍는 것"이 아니라, 위험 – 수익을 수식으로 설명할 수 있는 대상이 되었다.

1970년대 브레턴우즈 체제가 붕괴하면서 환율과 금리가 고정되어 있던 시대가 끝났다. 변동환율·변동금리 시대가 열리자, 기업과 은행은 새로운 위험에 직면했다. 이때 등장한 것이 통화선물, 금리스왑, 옵션 등 각종 파생상품이다. 그리고 1973년 블랙 숄즈 모형이 옵션 가격을 수식으로 풀어냈을 때, 금융은 완전히 다른 세상으로 들어섰다.

이후 1980~1990년대에는 컴퓨터의 계산 능력을 바탕으로 몬테카를로 시뮬레이션, 수치해석 기법이 금융실무에 본격 도입되었다. 헤지펀드와 투자은행들은 금융공학을 무기로 엄청난 수익을 올렸지만, 동시에 1998년 LTCM 사태, 2008년 글로벌 금융위기처럼 "모델이 세계를 다 설명할 수는 없다"는 뼈아픈 교훈도 함께 남겼다.

창업자의 입장에서 이 역사를 돌아보는 이유는 단순하다. 금융공학은 자본시장 쪽 사람들만 쓰는 위험한 도박 도구가 아니라, 세계가 어떻게 위험을 나누고, 가격을 정하고, 자금을 배분하는지를 이해하는 기본 언어가 되어 버렸기 때문이다.

– 창업 현장에서 금융공학은 어디에 쓰이는가

**자금 조달 : "얼마를, 어떤 조건으로" 가져올 것인가**

스타트업이 받는 투자 구조를 뜯어보면, 이미 금융공학의 언어로 가득 차 있다. 전환사채(CB), 상환전환우선주(RCPS), 워런트, 리픽싱 조항, 리캡 구조 등은 모두 현금흐름과 지분, 위험을 나누는 설계의 문제다.

예를 들어, 초기 단계에서 컨버터블 노트(전환사채 유사)를 통해 투자를 받는다고 해보자. 투자자는 지금 10억 원을 넣되, 나중에 시리즈 A 라운드 때 "할인된 가격"으로 주식으로 바꾸는 권리를 얻는다. 이때 할인율(예 : 20%), 상한 밸류에이션(valuation cap), 이자율 등을 어떻게 정할 것인가? 이것은 단순한 협상의 문제가 아니라, 옵션과 채권의 혼합상품에 대한 가치 평가 문제다.

금융공학적 사고를 가진 창업자는, 이런 구조를 검토할 때 다음을 자연스럽게 생각한다.

- 이 전환 조건이 현실적으로 어떤 주가 경로에서 투자자와 회사에 각각 어떤 이익·손실을 가져오는지 시뮬레이션해보자.
- 특정 시나리오(성장 실패, 보통 성장, 폭발적 성장)에서 지분 희석 정도와 투자자 수익률을 각각 계산해보자.
- 투자자가 요구하는 조항 중 어느 부분이 "보험료"에 해당하는지, 내가 지불할만한 수준인지 판단해보자.

이 수준의 대화가 가능해지면, 단순히 "이 조항이 불리하다/유리하다"가 아니라, 정량적인 근거를 갖고 협상할 수 있게 된다.


**리스크 관리 : 환율·금리·원자재에 흔들리지 않는 구조 만들기**


수출 비중이 높은 제조 스타트업을 예로 들어보자. 매출 대부분이 달러로 들어오는데, 비용은 원화로 나간다. 환율이 1,200원에서 1,000원으로 떨어지면, 같은 달러 매출이라도 원화로 환산한 매출이 크게 줄어든다.

여기서 금융공학은 "환율을 예측해 맞추자"가 아니라, 환율 변화에 덜 흔들리도록 구조를 짜자고 말한다. 선물환 계약, 통화옵션, 자연 헤지(달러 비용을 늘리는 구조) 등 다양한 도구를 조합해, 환율이 어느 수준까지 떨어져도 회사가 버틸 수 있도록 설계할 수 있다.

마찬가지로, 변동금리 대출을 받은 경우에도 금리스왑을 통해 일정 부분을 고정금리로 바꾸는 선택지가 있다. 물론 모든 헤지는 비용이 든다. 금융공학의 역할은 "어디까지 헤지하고, 어디까지는 위험을 안고 갈 것인지"를 수치로 검토하게 해 주는 것이다.

## 포트폴리오와 회사 가치 : '한 방'이 아니라 구조로 강한 회사

창업자는 자신의 회사가 단일 자산처럼 느껴질 수 있지만, 투자자 시각에서 보면 하나의 포트폴리오 구성 요소에 불과하다. 반대로, 창업자 자신도 장기적으로는 여러 사업, 여러 투자, 여러 시장으로 포트폴리오를 구성하게 된다.

이때 금융공학은 "올인"이 아니라 "분산·최적화"를 강조한다. 단일 제품·단일 고객·단일 국가에 의존하는 구조는, 기대수익이 아무리 좋아 보여도 위험이 너무 크다. 반면 서로 다른 리스크 요인을 가진 사업·고객·시장 조합을 설계하면, 전체 회사 차원의 변동성을 낮추면서도 기대수익을 유지할 수 있다.

이는 투자 포트폴리오뿐 아니라 사업 포트폴리오에도 그대로 적용된다. 예를 들어, 경기 민감도가 높은 B2C 구독 서비스와, 상대적으로 안정적인 B2B SaaS 수익원을 함께 가져가는 구조는 "베타"가 다른 두 사업을 섞는 셈이다. 금융공학적 사고를 가진 창업자는 이런 구조를 직관이 아니라 수치와 시나리오로 비교해 볼 수 있다.

## – 금융공학의 양날의 검 : 모델의 힘과 한계

2008년 글로벌 금융위기는 금융공학의 힘뿐 아니라 한계를 동시에 보여준 사건이다. CDO, CDS, 구조화채권 등 복잡한 금융상품들이 "분산과 헤지"라는 이름 아래 남발되었지만, 실제로는 동일한 부실 자산 위에 레버리지만 여러 층 덧씌운 결과였다는 것이 사후에 드러났다.

여기서 창업자가 배워야 할 교훈은 단순하다.

• 모델은 비와 우산 중 우산에 더 가깝다. 날씨를 바꾸지는 못하지만, 비가 올 때 자신을 보호해 준다. 모델이 틀릴 수 있다는 전제를 항상 품고 써야 한다.

• 극단적인 상황(블랙 스완)을 과도하게 무시하는 모델은 매끄러워 보이지만, 위기 때 치명적일 수 있다.

• 숫자가 늘 정확해 보일수록, 그 뒤에 숨어 있는 가정들을 더 집요하게 들여다봐야 한다.

창업 현장에 그대로 번역하면, 이런 얘기가 된다. "이 구조면 무조건 투자도 받고, 리스크도 없다"는 말은 의심해야 한다. 금융공학은 리스크를 없애는 마법이 아니라, 리스크를 볼 수 있게 해 주는 안경에 가깝다. 안경을 썼다고 해서 길이 없어지는 것은 아니다. 다만 어디가 위험하고 어디가 평지인지 더 잘 보일 뿐이다.

**– 왜 지금, 창업자에게 금융공학이 더 중요해졌는가**

예전에는 '기술 잘 만들고, 영업 잘하면' 웬만한 문제는 힘으로 밀어붙일 수 있었다. 그러나 지금은 다르다. 금리와 환율이 큰 폭으로 움직이고, 기술기업의 밸류에이션은 단기간에 급등·급락하며, 투자자들은 점점 더 구조와 리스크를 이해하는 창업자를 선호한다.

이 환경에서 금융공학은 거창한 이론이 아니라, 살아남기 위한 실무 도구가된다.

• IR 피치덱에 "우리는 향후 5년간 이런 리스크들을 이런 구조로 헤지하겠다"는 한 장이 들어가면, 그 회사는 같은 성장 스토리를 말해도 훨씬 성숙해

보인다.

- 직원 스톡옵션을 설계할 때도, 베스팅 구조, 행사가격, 희석 영향을 수치로 보여줄 수 있는 대표와 그렇지 못한 대표의 신뢰도는 다르다.
- 해외에서 프로젝트 파이낸싱을 끌어올 때도, 투자자들이 묻는 것은 결국 "현금흐름이 어떻게 구성되어 있고, 어떤 리스크를 누구와 어떻게 나누느냐" 이다. 이것은 금융공학의 언어다.

결국 금융공학은 창업자에게 자본과 대화하는 언어이자, 불확실한 환경에서 구조를 설계하는 사고법이다. 전문 퀀트처럼 편미분 방정식을 풀 줄 알 필요는 없다. 그러나 "이 계약의 본질은 콜옵션이고, 이 구조는 사실상 레버리지"라는 정도는 감지할 수 있어야 한다.

### - 창업자가 지금 당장 할 수 있는 작은 시작

마지막으로, 금융공학을 "언젠가 공부해야 할 어려운 이론"이 아니라, 오늘 당장 시작할 수 있는 몇 가지 행동으로 바꿔 보자.

먼저 내가 이미 쓰고 있는 금융 계약들을 목록으로 만들어 본다. 대출, 보증, 옵션, 전환권, 리픽싱 등. 각 계약의 현금흐름과 리스크를 그림으로 그려 본다. 다음 투자 라운드를 준비할 때, 조건표(term sheet)를 "구조화 상품"이라는 관점에서 해석해 본다. 어느 부분이 투자자에게 유리한 콜옵션인지, 어느 부분이 회사의 풋옵션인지, 어떤 리스크를 누가 떠안는지 적어 본다.

또한 회사가 노출된 거시 리스크(환율, 금리, 원자재, 임대료 등)를 리스트업하고, "헤지할 수 있는 수단이 있는지"부터 검색해 본다. 모든 리스크를 헤지할 수는 없지만, 헤지 가능한 것과 불가능한 것을 구분하는 것만으로도 전략은 달라진다. 한 권 정도는 금융공학 입문서를 읽고, 여유가 된다면 파이썬과 간단한 시뮬레이션을 익혀 본다. 복잡한 수식보다, "수천 번 시나리오를 돌려보니 이 구조에서 파산 확률이 몇 %더라"를 감으로 보는 눈을 기르는 것이 더 중요하다.

창업에서 금융공학은 선택과목이 아니라, 난이도가 조금 높은 필수 교양에 가깝다. 리스크를 피할 수 없는 환경에서, 리스크를 "보이는 것"으로 만들고, 그것을 가격과 구조로 옮겨가는 기술. 그 기술을 가진 창업자는 똑같은 폭풍 속에서도 훨씬 오래, 훨씬 멀리 갈 수 있다.

# 8장

# 창업하는 사람들에게

# 8. 창업하는 사람들에게

창업은 사업 아이템과 자금만의 문제가 아니다. 오래 버티는 사람과 중간에 꺾이는 사람을 가르는 기준은, 생각보다 소박한 생활 습관과 태도에서 갈린다. 그 점에서 "손에서 책을 놓지 말 것, 새벽에 일어날 것, 매일 몸을 움직일 것, 화내지 말 것, 집과 회사를 섞지 말 것, 근태를 지킬 것"이라는 조언은 단순한 인생론이 아니라, 창업 생존 전략의 압축版이다. 여기에 "나, 구조, 숫자, 태도"라는 네 축을 더하면, 화려한 창업 기술 뒤에 숨은 본질이 무엇인지 선명해진다.

## 8.1 회계장부보다 먼저 챙겨야 할 것들

책상 위의 재무제표보다, 침대 옆의 책과 알람시계가 먼저다. "손에서 책을 놓지 말 것"이라는 말은 단지 독서를 미화하는 구호가 아니다. 창업 환경은 하루가 다르게 변하고, 규제·기술·시장 트렌드는 끊임없이 업데이트된다. 이런 세계에서 어제 배운 지식만으로 오늘의 결정을 내리겠다는 건, 오래된 지도를 들고 미지의 도시를 걷겠다는 말과 다르지 않다.

---

# 창업자의 자세(1)

### 새벽에 일직 일어나라
- 창업자의 하루는 두 유형으로 갈림
- 새벽에 자신과 회사를 설계하는 사람
- 하루 종일 불 끄기에만 쫓기는 사람
- 이 차이는 축적되어 몇 년 뒤 전혀 다른 회사를 만듦
- 새벽 시간은 방해받지 않는 집중의 시간
- 습관의 차이가 만드는 장기적 성과

### 화내지 마라
- 창업 과정의 갈등과 스트레스는 불가피
- 감정적 대응은 판단력 저하로 이어짐
- 이성적 접근이 장기적 성공의 열쇠
- 단기적: 일시적 해소감 제공
- 장기적: 팀 내 신뢰 훼손
- 감정적 결정은 추가 비용 발생

### 손에서 책을 놓지마라
- '손에서 책을 놓지 말 것'은 단순한 구호가 아님
- 창업 환경은 급변 =〉 규제, 기술, 시장 트렌드의 끊임없는 업데이트
- 어제의 지식으로 오늘의 결정을 내리는 위험성
- 오래된 지도로 미지의 도시를 걷는 것과 같음
- 지속적 학습은 생존을 위한 필수 요소

### 매일 몸을 움직여라
- 몸이 망가지면 회사는 더 빨리 망가짐
- 창업자는 늘 부족한 시간과 자금, 압박 속에서 생활
- 수면, 식사, 체력 관리를 후순위로 미루는 위험성
- 만성 피로와 건강 악화는 의사결정 오류로 이어짐
- 몸이 망가진 리더 아래 조직이 버티는 것은 구조적 모순

"1개의 지식을 쓰려면 10개의 지식을 알아야 한다"는 문장은 창업자의 현실을 정확히 찌른다. 투자자 앞에서 설명하는 단 한 줄, 고객에게 제시하는 단한 문장 뒤에는, 말하지 않은 수많은 실패 사례와 타인의 경험, 경제·법·기술에 대한 기본 이해가 깔려 있어야 한다. 그게 없으면 말은 길어지고, 내용은 빈약해진다.

아침 일찍 일어나라는 조언도 비슷한 맥락이다. 직장인도 "나만의 시간"을 확보하기 어렵지만, 창업자는 그 정도가 아니라 "늘 회사에 붙들려 있는 사람"이 되기 쉽다. 회의·전화·메신저·예기치 않은 사고가 하루를 쪼개 먹는 일상 속에서, 오롯이 생각을 정리하고, 책을 읽고, 전략을 설계할 수 있는 시간대는 사실상 새벽뿐이다. 결국 창업자의 하루는 이렇게 갈라진다. 새벽에 자신과 회사를 설계하는 사람, 그리고 하루 종일 불 끄기에만 쫓기는 사람. 둘의 차이는 축적되면 몇 년 뒤 전혀 다른 회사를 만든다.

## 창업자의 자세(2)

| 객관적 관계 설정 | 지인과의 사업 위험성 | 명확한 역할 분담 | 냉정한 의사결정 |
|---|---|---|---|
| - 비즈니스 관계는 감정보다 객관성이 우선<br>- 처음부터 전문적 관계 설정이 중요<br>- 상호 기대치를 명확히 문서화하는 습관 필요 | - 개인적 관계와 사업적 관계의 경계 모호<br>- 갈등 발생 시 두 관계 모두 손상 위험<br>- 감정적 요소가 합리적 판단을 방해 | - 능력과 전문성에 따른 역할 배분 필요<br>- 친분에 의존한 모호한 책임 구조 위험<br>- 생사와 투쟁의 넌실 고리 명확화 | - 사업 실패 시 정리 가능한 구조 필요<br>- 감정적 요소 배제한 의사결정 체계 구축<br>- 필요시 깨끗하게 나갈 수 있는 출구 전략 |

| 기본의 중요성 | 출근 시간과 인사의 영향 | 기본을 지키는 회사의 강점 |
|---|---|---|
| | | - 기본을 지키는 회사는 빨리 회복하는 탄력성 보유<br>- 위기 상황에서도 중심 유지 가능<br>- 외부 충격에 대한 내구성이 강화됨<br>- 투자자와 고객에게 신뢰감을 주는 요소로 작용<br>- 기본의 축적이 장기적으로 회사의 문화적 자산이 됨 |

매일 운동하라는 말은 더 직접적이다. 몸이 망가지면, 회사는 더 빨리 망가진다. 창업자는 늘 부족한 시간과 자금, 압박 속에서 살기 때문에, 수면과 식사, 체력 관리를 가장 먼저 후순위로 밀어버리기 쉽다. 하지만 냉정한 판단과 긴 호흡이 필요한 조직의 수장에게, 만성 피로와 건강 악화는 곧 치명적인 의사결정 오류로 돌아온다. 몸이 망가진 리더 아래에서 조직이 오래 버티길 기대하는 건, 구조적으로 모순이다.

회의나 일할 때 화내지 말라는 경고도 같은 선상에 있다. 창업 과정에서 갈등과 스트레스는 피할 수 없지만, "화를 내는 방식"으로 문제를 처리하면, 단기적으로는 시원할지 몰라도 중장기적으로는 신뢰를 깎아 먹는다. 화가 난다는 건 이미 이성이 좁아졌다는 뜻이고, 그 상태에서 내린 결정은 대부분 비용을 남긴다.

"모르는 사람과 비즈니스할 것, 지인을 끌어들이지 말 것"이라는 문장은 잔인하지만 현실적이다. 가까운 사람과 함께 시작하면 심리적으론 편하지만, 일이 틀어지면 사업과 관계가 동시에 무너진다. 반대로 처음엔 서로 낯선 관계로 시작해야, 역할·보상·책임을 더 냉정하게 나누고, 필요하면 정리도 할 수 있다.

"업무는 사무실이나 지정한 곳에서만 할 것"이라는 조언은 결국, 삶의 경계를 지키라는 말이다. 일을 집으로 끌고 오기 시작하는 순간, 가족의 얼굴과 업무 메신저가 같은 화면 위에 겹친다. 그 상태가 길어지면 가정도, 일도 어느 쪽에도 집중하지 못하는 애매한 상태에 빠진다. 회사는 회사대로 비효율이 쌓이고, 가정은 가정대로 서서히 균열이 간다.

마지막으로 "회사는 근태가 기본"이라는 말은, 스타트업이라는 이름 뒤에 숨어 있는 기초를 다시 끌어올린다. 야근을 많이 한다고 해서, 출근 시간을 마음대로 해도 된다는 법은 없다. "아침에 출근해서 인사하는 것"은 문화를 만드는 가장 저렴하면서도 확실한 신호다. 기본을 지키는 회사는 작은 실수에서 빨리 회복하고, 기본을 무너뜨리는 회사는 작은 충격에도 쉽게 흔들린다.

## 8.2 겉으로 안 보이는 창업의 뼈대

이 책 전체를 관통하는 메시지는 결국 네 단어로 압축된다. 나, 구조, 숫자, 태도. 법인 설립, 정관, 지분, 급여, EXIT 전략 같은 기술적 내용은 모두 이 네 축 위에 올라가는 장식에 가깝다.

## 창업의 네 가지 축: 나

**자기 이해의 중요성**

– 자신이 무엇을 원하는지
  명확히 인식해야 함
– 창업은 자기 이해 없이
  시작하면 방향 상실
– 내적 동기가 외적 동기
  보다 지속력이 강함

**리스크 감당 능력 파악**

– 감당 가능한 리스크
  수준을 객관적 평가
– 재정적, 시간적, 정신적
  한계 인식 필요
– 리스크 감수 능력과
  사업 규모 조율

**장기적 비전 설정**

– 유행하는 아이템만
  쫓으면 지속성 약화
– 20년 후 원하는 삶의
  모습을 그려볼 것
– 명확한 비전이 어려운
  시기의 나침반 역할

**자기 성찰의 시간**

– 정기적인 자기 성찰
  시간 확보 필요
– 사업과 자신을 분리해
  객관적으로 볼 것
– 자기 성찰이 사업
  방향성 재정립에 도움

첫째, "나를 먼저 알고 시작하라"는 말은, 창업이 자기 이해 없이 출발하면 어느 시점에서든 방향을 잃는다는 뜻이다. 내가 무엇을 원하는지, 어떤 리스크를 감당할 준비가 되어 있는지, 20년 후 어떤 삶을 살고 싶은지 모른 채 "좋아 보이는 아이템"만 쫓으면, 힘들어질 때마다 매번 다른 유행으로 갈아

타게 된다. 그 과정에서 팀은 지치고, 브랜드는 정체성을 잃고, 창업자 자신도 서서히 번아웃된다.

## 창업의 네 가지 축: 구조

**법적 구조의 중요성**

– 법인 형태, 정관, 지분 구조는 사업의 뼈대
– 창업 초기에 명확한 설계도 필요
– 모호한 구조는 미래 갈등의 씨앗

**초기 설계의 영향력**

– '나중에 잘 되면 정리하자'는 위험한 발상
– 초기 구조가 미래 투자 유치와 EXIT에 영향
– 처음부터 확장성을 고려한 설계 필요

**구조 변경의 어려움**

– 이미 세워진 구조 변경은 비용과 갈등 증가
– 구조 변경 시 법적, 세무적 복잡성 발생
– 초기 투자자와 팀원 간 신뢰 손상 위험

둘째, "구조를 대충 넘기지 말라". 법인 형태, 정관, 지분 구조, 급여 체계, 이사회 구성은 귀찮고 어렵지만, 사업의 뼈대를 결정하는 설계도다.

"나중에 잘 되면 정리하자"는 말은, "집을 지어 놓고 나중에 기초를 보강하자"는 말과 같다. 이미 건물이 올라간 뒤 기초를 손보려면, 비용도, 갈등도, 리스크도 기하급수적으로 커진다. 창업 초기에 이 문제를 미루는 버릇은, 어느 순간 투자 유치와 EXIT의 발목을 잡는다.

셋째, "숫자로 말하라". 멋진 아이템과 좋은 스토리도 결국 단가·비용·마진·현금흐름이라는 숫자 앞에서 평가받는다. 사업계획서는 상대를 속이기 위한 문서가 아니라, "나 자신을 속이지 않기 위한 도구"라는 표현이 강렬한 이유다. 미래의 매출·비용을 귀에 듣기 좋은 말로 부풀려 놓는 순간, 창업자는 자기 자신에게까지 거짓말을 하기 시작한다. 반대로, 비관적 시나리오까지 포함해 숫자를 냉정하게 보는 사람만이, 위기 때 방향을 잃지 않는다.

## 창업의 네 가지 축: 숫자

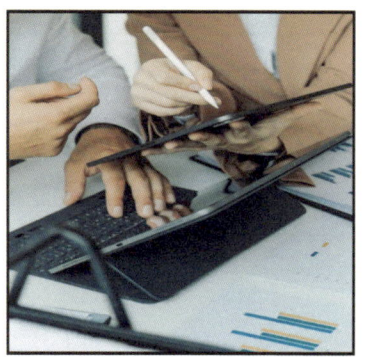

### 숫자로 현실을 직시하는 태도

- 사업계획서는 상대를 속이기 위한 문서가 아니라 '나 자신을 속이지 않기 위한 도구'
- 미래의 매출과 비용을 귀에 듣기 좋은 말로 부풀리면 자기 자신에게 거짓말을 하는 것
- 숫자는 감정이나 희망이 아닌 현실을 보여주는 유일한 언어
- 단가, 비용, 마진, 현금흐름 등 모든 비즈니스 결정은 숫자로 검증 필요
- 숫자를 통해 사업의 지속 가능성과 확장성을 객관적으로 평가 가능

### 비관적 시나리오의 중요성

- 창업 비용은 항상 예상의 두 배, 기간은 두 배 더 길게 걸린다는 사실 인정
- 낙관적 시나리오만 보면 위기 때 대응할 여력이 없음
- 최악의 상황을 가정한 재무 계획이 생존 확률을 높임
- 비관적 시나리오까지 포함해 숫자를 냉정하게 보는 사람만이 위기 때 방향을 잃지 않음
- 투자자들도 낙관적 전망보다 위기 대응 능력을 더 중요하게 평가

넷째, "태도와 습관이 끝까지를 결정한다". 하루하루의 태도 - 책을 읽는지, 운동을 하는지, 화를 어떻게 다루는지, 출근 시간을 지키는지 - 는 사소해 보이지만, 복리처럼 쌓여 회사의 체력을 만든다.

아이템과 구조는 몇 달 안에 바뀔 수 있지만, 창업자의 태도와 습관은 몇 년에 걸쳐 회사의 문화로 스며든다. 그 문화가 위기 때 회사를 살리기도 하고, 서서히 갉아먹기도 한다.

# 창업의 네 가지 축: 태도

**일상의 태도와 습관이 회사의 체력을 만드는 방식**

창업자의 일상 태도와 습관은 단순한 개인의 생활 방식이 아니라 회사의 DNA가 됩니다. 책을 읽는 습관, 새벽에 일어나는 습관, 운동하는 습관, 감정 조절 방식 등은 복리처럼 쌓여 회사의 체력과 내구성을 결정합니다.

**태도와 습관이 회사 문화로 스며드는 과정과 위기 때 회사를 살리는 문화의 힘**

- 창업자의 태도와 습관은 몇 년에 걸쳐 회사의 문화로 스며듦
- 직원들은 창업자가 말하는 것이 아니라 행동하는 것을 따라함
- 위기 상황에서는 평소의 문화와 습관이 회사의 생존을 좌우함
- 좋은 문화는 위기 때 회사를 살리고, 나쁜 문화는 서서히 회사를 갉아먹음
- 태도와 습관은 아이템과 자금보다 더 오래 지속되는 경쟁력

"나 – 구조 – 숫자 – 태도" 네 축을 동시에 세우라는 말은, 그래서 사실상 이렇게 번역할 수 있다. "내 욕망과 한계를 먼저 이해하고, 제도적 뼈대를 제대로 짠 뒤, 숫자로 현실을 직시하면서, 그 현실을 버텨낼 수 있는 생활 습관을 갖춰라."

## 8.3 화려한 스타트업 신화 뒤의 맨얼굴

이미 사업을 시작해 성공과 실패를 모두 겪어본 사람들의 말은, 통계보다 무겁다. 그들이 공통적으로 강조하는 건 의외로 단순하다. "창업은 로켓 발사가 아니라 마라톤이다. 포기하지 말고 한 걸음씩 나아가라."

여기서 중요한 단어는 두 개다. "최소한의 생존 원칙"과 "끈질긴 버팀". 통계적으로 창업 5년 생존율이 20% 남짓이라는 현실에서, 멋진 비전과 아이템보다 먼저 필요한 건 당장 다음 달을 버틸 수 있는 현금과, 팀이 흩어지지 않도록 붙드는 문화다.

## 창업은 마라톤이다

**창업 생존율의 현실**
- 통계적으로 창업 5년 생존율은 20% 남짓
- 국세청 자료 기준 5년 생존율은 39.6%
- 초기 3년이 가장 위험한 시기

**최소한의 생존 원칙**
- 당장 다음 달을 버틸 수 있는 현금 확보
- 팀이 흩어지지 않도록 붙드는 문화 구축
- 작은 성공의 경험을 쌓아가는 구조 만들기

**버티기에 집중하는 전략**
- '대박'이 아닌 '버티기'에 집중
- 작은 프로토타입으로 '작은 승리' 쌓기
- 오늘 한 발짝 앞으로 나아가는 구조 만들기

초기 단계에서의 조언은 뻔해 보이지만 구체적이다. 공모전이나 정부 지원사업을 활용해 자금을 모으고, 작은 프로토타입으로 '작은 승리'를 쌓으라는 것이다. 이때 중요한 건 "대박"이 아니라 "버티기"다. 오늘 당장 세상을 바꾸지 못해도, 오늘 한 발짝 앞으로 나아가는 구조를 만드는 사람만이, 3년 뒤, 5년 뒤에 비로소 세상을 바꿀 기회를 얻는다.

스케일업 단계에서, 이미 사업을 해 본 사람들이 반복해서 강조하는 건 "팀과 문화"다. 돈만으로 사람을 붙들 수 있는 시기는 길지 않다. 불확실성과 야근, 반복되는 실패 속에서 사람을 붙잡아 주는 건, 결국 "우리가 무엇을 위해 이 고생을 하고 있는가"에 대한 설득력 있는 비전이다.

## 스케일업 단계의 핵심 요소

### 팀과 문화의 중요성

- 스케일업 단계에서는 팀의 역량과 문화가 성장의 한계를 결정
- 초기 단계와 달리 개인의 역량보다 조직의 시스템이 중요해짐
- 창업자 혼자 모든 것을 통제할 수 없는 규모에 도달
- 명확한 가치와 원칙이 있는 문화가 의사결정의 기준이 됨

### 돈 이상의 동기부여 요소

- 불확실성과 야근, 반복되는 실패 속에서 사람을 붙잡는 것은 돈만이 아님
- 성장 기회, 자율성, 목적의식, 인정 등 내재적 동기부여 요소 필요
- 금전적 보상은 기본이지만 그것만으로는 인재를 유지할 수 없음
- 구성원들이 자신의 성장과 회사의 성장을 연결시킬 수 있어야 함

### 설득력 있는 비전

- '우리가 무엇을 위해 이 고생을 하고 있는가'에 대한 답
- 단순한 슬로건이 아닌 구체적인 미래상 제시
- 개인의 노력이 어떤 변화를 만드는지 명확히 함
- 어려운 시기를 견디게 하는 정신적 지주

### 적응력과 유연성

- 시장 변화에 빠르게 대응할 수 있는 조직 구조
- 실패를 두려워하지 않는 실험 문화
- 데이터에 기반한 의사결정 시스템
- 필요시 빠른 '피벗'이 가능한 유연성

### 지속 가능한 성장

- 단기 성과와 장기 성장의 균형
- 현금흐름 관리에 수익성 확보
- 핵심 경쟁력에 집중한 자원 배분
- 확장 가능한 비즈니스 모델 구축

시장 변화에 대응하는 "피벗"의 문제도 마찬가지다. 처음 세운 아이템과 전략이 끝까지 유효한 경우는 거의 없다. 문제는 피벗 자체가 아니라, 피벗을

할 수 있을 만큼 솔직하게 현실을 보는 태도다. 자신의 아이디어에 대한 집착이, 결국 회사 전체를 끌고 가라앉히는 경우를 우리는 주변에서 너무 많이 본다.

마지막으로, 그들이 공통적으로 말하는 건 "정책과 제도를 활용해 생존율을 높여라"는 것이다. 정부 지원 프로그램, 세제 혜택, 각종 패키지 사업은 창업자에게 주어진 몇 안 되는 안전장치다. 자존심 때문에 이런 제도에 기대기를 꺼려하는 사람도 있지만, 사업은 자존심이 아니라 생존의 문제다. 제도를 활용해 생존률을 10%에서 30%로 끌어올릴 수 있다면, 그것만으로도 이미 큰 전략적 우위다.

## 8.4 네 개의 연료통

로켓을 띄우려면 연료와 엔진, 방향타가 필요하듯, 창업에는 아이디어, 팀, 비즈니스 모델, 자금이라는 네 가지 요소가 반드시 필요하다. 이 네 가지는 선택 사항이 아니라, 하나라도 빠지면 비행 자체가 불가능한 장비다.

아이디어는 "10배 더 나은 가치"를 제공해야 한다는 말은 과장이 아니다. 시장은 이미 비슷한 제품과 서비스로 포화 상태다. "조금 더 싸다", "조금 더 편하다" 수준의 아이디어로는, 초기의 소음과 관성을 이길 수 없다. 반대로, 기존 질서를 10배 단순하게 만들거나, 10배 싸게 만들거나, 10배 빠르게 만드는 아이디어는, 자원이 부족해도 시장 스스로 길을 열어준다.

팀은 효율적이고 유연한 실행력을 의미한다. 아이디어가 로켓의 설계도라면, 팀은 실제로 엔진을 돌리는 사람들이다. 아이템과 시장은 계속 바뀌지만, 그때마다 방향을 틀고 다시 달릴 수 있는 힘은 팀의 구조와 관계에서 나온다.

비즈니스 모델은 "어떻게 돈을 벌 것인가"를 설명하는 구조다. 많은 창업자들이 제품과 서비스에는 열정적으로 매달리면서도, "누가, 언제, 얼마를, 어떤 방식으로 지불할 것인가"에 대해서는 모호하게 넘어간다. 하지만 바로 그 지점에서 사업의 지속 가능성이 판가름난다.

자금은 네 번째지만, 결코 부차적 요소가 아니다. 아이디어와 팀, 비즈니스 모델이 아무리 좋아도, 자금이 떨어지는 순간 게임은 끝이다. 더구나 창업 비용은 항상 예상의 두 배, 기간은 두 배 더 길게 걸린다는 건, 경험자들이 거의 한 목소리로 말하는 사실이다. 재무 계획을 "낙관적 시나리오"가 아니라 "최악의 시나리오" 기준으로 짜야 하는 이유다.

이 네 요소는 서로 얽혀 있다. 아이디어가 약하면 팀의 동기부여가 떨어지고, 비즈니스 모델이 허술하면 자금이 모이지 않는다. 자금이 부족하면 팀이 흔들리고, 팀이 흔들리면 아이디어를 피벗할 여유도 사라진다. 그래서 "이것은 꼭"이라는 말은, 네 가지를 각각이 아니라 묶음으로 보라는 요청이다.

## 8.5 화려한 신화보다 패턴을 봐야 한다

성공 사례는 우리의 상상력을 자극하지만, 실패 사례는 우리의 방심을 깨운다. 두 종류의 이야기를 모두 봐야 하는 이유는, 그 안에서 반복되는 패턴이 있기 때문이다.

한국 스타트업 생태계의 대표적 성공 사례 - 쿠팡, 배달의민족, 토스, 마이리얼트립, 아이디어스, 각종 딥테크 스타트업 - 을 보면, 공통적으로 다음이 보인다.
- 명확한 문제 정의와 솔루션 : "누구의 어떤 불편을 어떻게 줄였는가"가 분명하다.
- 초기 자금과 정부 지원의 적극 활용 : 예비창업패키지, TIPS 등 제도를 적극 사용했다.
- 경험 있는 팀 구성과 대기업·시장과의 협력 : 검증과 신뢰를 동시에 확보했다.
- 장기적 관점과 꾸준한 실증·개선 : 단기 성과에 일희일비하지 않고 지표를 쌓았다.

반대로 실패 사례들은 다른 얼굴이지만 비슷한 원인들을 안고 있다.

- 제품 - 시장 적합성 부족 : 고객이 정말 원하는지 검증하지 않은 채 대규모 투입.
- 규제·법적 환경 무시 : 시장의 법적·사회적 수용성을 읽지 못해 한순간에

무너짐.

● 마케팅 전략 부재와 판로 확보 실패 : 좋은 제품을 만든 뒤에도, 고객에게 도달하는 경로를 못 만들었다.

● 팀 내 갈등, 재정 관리 실패 : 내부 균열과 현금 고갈로 스스로 쓰러짐.

이 패턴을 알고도 반복하는 사람과, 알고 나서 다른 선택을 하는 사람의 차이가 바로 생존율의 차이다. 실패를 완전히 피할 수는 없지만, 불필요한 실패를 줄이고, 실패의 깊이를 얕게 만드는 것은 분명 가능하다.

## 8.6 결국 창업은 "태도"의 문제다

모든 이야기를 다 걷어내고 나면, 남는 건 놀랍게도 태도와 습관으로 싸우는 장기전이라는 것이다.

● 손에서 책을 놓지 않는 태도는, "세상이 어떻게 움직이는지 계속 배우겠다"는 선언이다.

● 새벽에 일어나 자신만의 시간을 확보하는 습관은, "내 삶과 회사를 내가 설계하겠다"는 의지다.

● 운동으로 몸을 관리하는 습관은, "당장의 성과보다 오래 버티는 것을 우선하겠다"는 선택이다.

● 화를 다스리는 태도는, "문제를 감정이 아니라 구조와 숫자로 보겠다"는 약속이다.

● 집과 사무실을 분리하는 생활 방식은, "일과 삶 모두를 지키겠다"는 균형 감각이다.

● 근태를 지키는 기본은, "스타트업도 회사이며, 기본 없는 자유는 없다"는 메시지다.

그리고 그 위에 "나 - 구조 - 숫자 - 태도"라는 네 축을 동시에 세워두는 사람만이, 화려한 순간이 끝난 뒤에도 조용히 회사를 이어갈 수 있다.

창업은 누구나 시작할 수 있지만, 끝까지 가는 사람은 많지 않다. 그 희귀한 소수의 공통점은, 눈에 잘 보이는 아이템이나 프레젠테이션 스킬보다, 눈에 잘 보이지 않는 생활 습관과 태도에 있다. 오늘 당장 바꿀 수 있는 건 거창한 전략이 아니라, 책을 여는 시간, 알람을 맞추는 시각, 출근해서 인사하는 그 한 걸음이다. 그 작은 변화들이 모여, 몇 년 뒤 당신 회사를 다른 궤도로 올려놓을 것이다.